日本一学生が集まる中小企業の秘密

社員20人なのに新卒採用に1万人が殺到

近藤悦康
株式会社Legaseed（レガシード）代表取締役

徳間書店

プロローグ

社員を一人採用するのは「3億円の投資」と同じです！

大手有名企業を蹴って中小企業に入社する若者たち

どうせ優秀な人材は大手有名企業でなければ集められない――。

中小企業の経営者や人材採用担当者は、このように諦めがちです。そして、超売り手市場の現在、とにかく若い人が来てくれればいい、と妥協してしまうのです。

その結果、メディアでも騒がれているように、採用学生から「内定辞退」を受けたり、入社してすぐに辞められたりして多くの企業が人手不足に悩んでいます。しかも、成長が見込まれる企業でさえ、学生の認知度が低いというだけで人材集めに苦労しています。

特に新卒採用においては空前の売り手市場が続いており、２０１９年３月卒業予定の大学生に対する求人倍率は１・88倍と、２０１２年の１・23倍に比較して０・65ポイント高まっています。その中でも従業員が３００人未満の中小企業に限れば、２０１９年３月卒の求人倍率はなんと９・91倍となっています。これは学生が従業員３００人未満の企業に就職しようとして就職活動をすれば、一人の学生に対して10社が内定を出すというモテぶりを示しているのです。

その一方で、従業員が１０００人以上の大手企業の有効求人倍率は０・37〜０・７倍となっており、この規模の企業に就職を希望する学生の場合は、３人に１人にしか内定が出ないという、中小企業とは逆転した状況です。

それではやはり中小企業の人材採用では、妥協せざるをえないのでしょうか。

そんなことはありません。

たとえば、私が経営するLegaseed（レガシード）という会社は、創業5年目で社員が20名という規模の企業ですが、２０１８年卒の新卒採用活動では年間で1万２０００人の学生たちからご応募いただき、その中から選《え》りすぐった5名の人材を採用しています。

しかも、楽天が運営する口コミ就職情報サイト「Ｒａｋｕｔｅｎみん就」では、２０１９年卒の「インターン人気企業ランキング」で32位、これは大手企業も含めた全体の順位で、中小企業部門では第1位、人材業界部門でも1位となっています。

いかがですか？　決して小さな会社だからと諦める必要はないのです。

弊社では、まる1日の間オフィスを解放して、学生たちに仕事環境や仕事内容、先輩社員たちに触れることができる「Open Company®（オープンカンパニー）」というイベントを行っています。このイベントには年間で2000人もの学生たちが参加します。

このような活動の成果もあり、弊社にはより規模の大きい、あるいは有名な企業からの内定を蹴ってまで入社してくれる人材もいるのです。たとえば2016年に入社した小池君は、あのリクルートを含む13社から内定を獲得しておきながらもレガシードに入社しました。

実は彼は当初、私に内定の辞退を申し出ていました。当然、彼はリクルートに入社す

2019年卒 インターン人気企業ランキング

順位	企業名
1	博報堂
	博報堂 DY メディアパートナーズ
2	伊藤忠商事
3	オリエンタルランド
4	三菱東京 UFJ 銀行
5	三井住友銀行
6	エイチ・アンド・エス
7	JTB グループ
8	野村総合研究所（NRI）
9	ニトリ
10	ネスレ日本
11	三菱商事
12	ソフトバンク
12	東宝
14	電通
21	LINE
32	Legaseed
35	アサヒ飲料
46	NTT ドコモ
50	パナソニック

「Rakutenみん就（みんなの就職活動日記）」の2017年調査結果

※本書では「オープンカンパニー」としますが、Open Company® は㈱Legaseed の登録商標です。

るつもりでした。

「リクルートに入社できるのは凄《すご》いことだね。ところで、なぜリクルートに決めたのかな？」

この私の質問に、おそらくみなさんは「わかりきったことを質問するのだな」と呆《あき》れるかもしれません。

当然、彼も予想通りに答えます。

「人材業界の最大手ですし、知名度もブランドもあり、親や友人たちからも勧められています。同期も多く採用されますから、競争が厳しくて自分の成長にもプラスになると思います」

彼は、最後までリクルートかレガシードか迷ったと言います。そこで私は尋ねました。

「ところで、うちからの内定について親は何と言ってた？」

「聞いたこともない会社だ、と」

彼は正直に答えました。

「リクルートに入れたことは凄いことだよ。ところで、今、『リクルートに入れた小池君は凄い』と言われることと、10年後に『レガシードをここまで大きくした小池君は凄い』と言われるのでは、どちらの将来が面白そうかな？」

弊社では、選考段階から常に、会社の未来像が学生たち自身の未来像として、いわば「自分《じぶん》事《ごと》」として感じられるような働きかけをしています。

そのため、彼は答えました。

「それは、『この会社の成長を担った君は大したものだ』と言われたいですね」

そして彼は、弊社に入社することを選んだのです。

経営者の方々に知っておいてほしいことは、新卒の中でも優秀な人材ほど、既にできあがった規模や知名度にぶら下がることよりも、自分が理想とする企業を自らの手で創り上げてみたい、という選択をすることがあるのです。

もう一人、紹介しましょう。

2017年の4月に入社した森田さんは、大阪大学の優秀な学生で、砲丸投げ、円盤投げなどの投擲《とうてき》競技をしていた体育会系の女性です。彼女もまた、星野リゾートや映画の配給会社などの複数の企業から内定を得ていました。

しかしレガシードで長期間のインターンシップを体験した結果、「やっぱりここで働きます」と入社しました。

私が彼女に「なぜ、レガシードを選んだのかな？」と尋ねると、「ここが最も厳しく成長させてくれる会社だと感じたからです」と答えました。

つまり、福利厚生なども充実したブランド力のある企業よりも、成長期にある小さな企業で働くことが自分を市場価値の高い人材に成長させると判断したのです。

優秀な人材の中には、このような選択をする若者もいるのです。

私たちはつい、マスコミなどの情報から、今時の、あるいはこれからの若い人たちは残業がなくて休みが多く、それでいて給料も高いことを就職先の選択基準にしていると思いがちですが、優秀な人材が全て同様の価値観を持っているわけではありません。これから成長しようとしている企業で腕を振るいたい、貴重な人生を平凡な会社員で終わらせたくない、と考えている若者たちもいることを忘れてはいけません。

売り手市場では、つい人材採用に妥協をしてしまいがちですが、新卒一人を採用するということは、3億円の投資をすることだと思い出してください。

新卒で採用した人材が仮に60歳まで働くとすれば、その人材に40年間会社が支給する給与・福利厚生・教育費、そして保険や税金の負担などを合わせると、3億円近くになります。

たとえば現時点でレガシードは、次は10名の新卒者を採用することを決めています。これはすなわち、30億円を人材に投資する覚悟を決めたことにほかなりません。

このことは同時に、採用した人材の人生における「幸せ」や「豊かさ」を共に追求し、「本当にこの会社に入社して良かった」と心から思ってもらえる企業を経営していく覚悟でもあります。

私はこれまで、規模が小さいから、地方だから、業界イメージが悪いからなどと、人材が集まらない理由をいくつも並べている経営者の方々を多く見てきました。しかし同時に、そのような企業こそ、経営者が人材採用に対して見失っていた視点や発想に気づくことで、優秀な人材を集めることができるようになるということも見てきました。

たとえば、岡山県の市外にあるガソリンスタンドを経営している会社では、初の大卒の新卒採用で新しい事業を創り出そうと訴えかけ、岡山大学・岡山理科大学の学生を各々2名、計4名採用し、その人材たちはスタンドの仕事を経験した後、新規事業を任され活躍しています。その後も毎年新卒採用を続け、その会社は業績を伸ばし組織を拡大しています。

そこで本書では、私が人材採用コンサルタントとして17年の間に多くの企業の人材採用に携わってきた経験と、私自身が企業の経営者として優秀な人材を採用することで企業を成長させてきた実績を踏まえて、人材採用で悩まれている経営者の方々に、人材採用を成功させるノウハウと考え方をお伝えしたいと思います。

誰を採用するかで10年後の会社の未来が決まる

今でこそ人材採用コンサルティングを生業《なりわい》としている私ですが、自分自身の学生時代ではまともな就職活動をしていませんでした。

周りの学生たちがリクルートスーツに身を固めて合同説明会や企業説明会に行き始めた頃も、私はといえば金髪に染めた頭で、大学内や外で町おこしや地域交流のイベントを主催し、将来はイベントプロデューサーになろうなどと考えていたのです。

ところがあるとき、母親に誘われて、アメリカの少年院に入った子どもたちを社会復帰させる日本国内で行われた野外教育プログラムに参加し、そこである企業の社長と出会います。

どういうわけかその社長に気に入られ、その後何度も食事に誘われ、「ウチで働いてみないか？」とのお誘いを受けました。

しかし、即答でお断りしました。私はイベント関連の仕事に就きたかったことと、大学院への進学も予定していたためです。

「それならウチで働きながらイベントも進学もすればいい」

――なるほど!

目から鱗《うろこ》でした。

――そうだ、同時にやればいいじゃないか。

そして大学4年の7月からその社長の会社でアルバイトとして働き始め、その後、その会社にとっては初めての新卒社員となったのです。

入社してみると、その会社は中途採用だけで毎年20~30名を採用していましたが、そのほとんどが試用期間で不採用になるか、本採用後もすぐに辞めてしまうため、社員は30名を超えられない状況が続いていたのです。

そこで私は経営陣に新卒採用を行うべきであると提案し、当時日本でもようやく広まり始めていたインターンシップやセミナーを導入することで優秀な大学生を集める仕組みを作りました。

当時はまだ、どの企業もインターンシップの実践方法については模索中という時代でしたが、私は学生が主体となって実際のビジネスを起こし、収益を生み出すことを目的としたインターンシップを企画しました。すると、東京大学をはじめとする有名大学の学生たちが参加し始めたのです。

このようにインターンシップを通して、学生たちが実際に仕事で成果を上げることを垣間《かいま》見た社員たちの中に、「新卒は予想以上に使えるぞ」という意識改革が起き、本格的に新卒採用を始めました。それが2005年のことです。しかもその年からいきなり1000名を超える応募があり、その中から16名の新卒を採用したのです。当時は社員が20名ほどの会社でしたから、これは思い切った採用でした。

ところがこの思い切った人材への投資はすぐに実を結び始め、2007年には2万人もの応募者を集めることに成功し、「朝日新聞」に掲載された入社したい企業ランキングではわずか50名ほどの企業が大手企業に並んで25位に食い込んだため、テレビをはじめとするマスコミに注目されました。そのうえ、人材採用の仕組みに対する問い合わせが殺到したため、人材採用コンサルティング事業を立ち上げ、これまでに300社以上の採用支援の実績を作り上げています。

その後、この会社は瞬く間に社員が150名を超えるグループ企業となり、売上も7倍以上に伸びました。

全ては新卒採用という人材への投資から始まった好循環でした。

その会社で10年間のキャリアを積んだ私は、現在経営しているレガシードを創業し、はじめから新卒採用による人材獲得によって順調に成長してきています。

ですから、現在レガシードのエースとなって活躍している社員たちは、みな何もないような会社に新卒で入ってきてくれた人材です。

私が新卒採用で心がけていることは、後で育てるからとりあえず採用しておこうという考えを一切持たず、自社の将来の成長のビジョンを共有できる人材を採用するということです。これが重要なポイントです。

たとえば弊社がコンサルティングをさせていただいた大阪に拠点を置く建築の足場レンタル会社では、新卒採用を始めて2年目には、その新卒で入った女性が営業部門のリーダーとなり業績を伸ばしています。

また同様に、岡山県にあるエステティック会社でも、新卒1年目の人材が年間5000万円を売り上げるという最短成長記録を打ち出しています。

いかがですか？

採用の仕方一つで、新卒はみなさんが予想している以上に優秀な戦力となるのです。

経営者は、事業戦略や販売戦略、資金計画など様々なことに思いを巡らせなければなりません。しかし、これからの時代に最も注力しなければならないのは「人財戦略」なのです。

新たな商品やサービスを生み出し、新たな事業を展開することで顧客満足を創造できるのは、優秀な人材にほかなりません。人材こそが、企業の差別化の要となります。

私は断言します。

中小企業でも、新卒採用においてはトヨタやリクルート、三菱商事、資生堂などといった大手企業と同じ土俵で戦うことができると。

それは、人材に対する経営者の考え方一つにかかっているといえます。

新卒採用が組織をイノベートする一番の近道

中小企業においては、経営者は新卒採用を人材担当に任せきりにしてはいけません。中小企業における新卒採用は、経営者自らがリーダーとなり、新卒採用チームを率いて活動する必要があります。

新卒採用はチームプレーです。社内のあらゆる立場の人やキャリアを持った人たちが一つのチームとして採用活動を行う必要があります。そこには、新卒採用後の配属先となる各部門の責任者が関わる必要もあります。

とはいえ、そのような責任者には、30代後半から50代前半の方も多いでしょう。この場合は、やはり学生との間にジェネレーションギャップを生まない若い世代の社員もチームに加えてください。学生たちにとっては、より身近な年齢の先輩社員から発せられる言葉や、彼らの物腰、仕事への意欲などのほうが、より身近に感じられるためです。

この世代に、次世代を担う若手エースが含まれていればなおいいでしょう。もし含まれていなければ、入社3年目の20代中盤から30代前半の中から若手エースを選び出して参加させます。彼らは、説明会や面談などで、学生たちの少し先を歩いている先輩として、仕事や働き方、社風などについて伝えやすい立場にいます。それは、彼らが学生たちにとって、入社後の自分たちの姿を想像させやすい存在だからです。

この場合、幹部たちは採用の可否を決定することと、より長期的視野に立ったキャリアイメージを訴求する役割を担います。

そして採用チームには、採用活動に集中して学生たちとの窓口になれる採用担当者も置きます。もっとも、中小企業の場合は、採用業務専任の担当者を置くことが難しい場合もありますので、本来は別の業務を持つ人が兼任することになりますが、できるだけ採用活動に専念しやすい立場の人を選んでください。

さて、ここまで読まれた方は、新卒採用にこれほどの人材と労力を割かなければならないのかと思われたかもしれません。あるいは、経営者自らが動かなければならないものなのか、とも思われたかもしれません。

まさにその通りです。

人材が集められずに悩んでいる中小企業の経営者は、まさにここの考え方で失敗しているのです。

実は新卒採用プロジェクトというのは、単に優秀な新卒学生を採用することだけを目的としているわけではありません。新卒採用活動を通して、会社組織全体をイノベートすることを目的としているのです。

優秀な人材を採用するためには、自社が魅力的な会社にならなければなりません。そのために、自社は現在どのような状況にあるのか、これからどのようになろうとしているのか、そのためにどのような組織を作っていかなければならないのか、そして、そのためにはどのような人材が必要なのか、といったことを、学生たちやそのご家族に、明確に示す必要があります。そのため新卒採用活動は、単なる人材募集ではなく、会社自体を将来性があり魅力的に変えていくためのイノベーション活動でもあります。

会社には様々なプロジェクトが存在しますが、このように会社自体のイノベーションの動機づけとなりうるプロジェクトは、新卒採用プロジェクト以外にはありません。ですから、新卒採用プロジェクトには各部門の責任者や若手エースが集まり、経営者自らがリーダーとなる必要があります。

これほどまでにして新卒採用プロジェクトを行えば、必ずや優秀な人材を採用することに成功します。万が一その年度の採用では思うような成果をあげられなかったとしても、会社自体を魅力的にイノベーションする活動は始まっているので、次回以降は優秀な人材が集まりだします。そしてその優秀な人材がさらに会社を魅力的に変えていく原動力となっていくのです。

ここで思い出してみてください。採用活動では、先輩社員や幹部たちは、学生たちから必ず以下のような質問をされます。

「なぜこの会社で働いているんですか？」

「御社の強みや弱みは何ですか？」

「○○さんはどんな夢やビジョンをお持ちですか？」

「どういった人材と働きたいと思いますか？」

これらの質問に対して、先輩社員や幹部たちが学生たちを魅了できるような回答をするようになるには、経営者がリーダーとなって、新卒採用プロジェクトが会社にとってどれほど重要な位置にあるのかということを示せなければならないのです。

日本一学生が集まる中小企業の秘密　目次

プロローグ

社員を一人採用するのは「3億円の投資」と同じです！

第2章 「ニワトリ」が先か「タマゴ」が先か!? 78

第6章 筆記試験と面接で見極めると「ミスマッチ」が起こる

第7章

究極の採用は、「採用活動をしない」こと 212

エピローグ

「はたらく」を「しあわせ」に 250

ブックデザイン　小口翔平＋山之口正和（tobufune）

序章

なぜ、あなたの会社はデキル人材が集まらないのか？

あなたの会社で活躍する「採用すべき人材」は明確か？

経営者や新卒採用担当者に、「どのような人材を採用したいですか？」と尋ねると、「明るくて元気で、素直な子」といった漠然とした答えが返ってくることが多くあります。

その人材像が悪いとは言いませんが、これでは採用後に苦労することになります。

それは、「とりあえず採用できれば、あとは教育すればいい」という甘い考えがあるためです。はっきり言うと、人柄だけで採用しても、教育で人材を育てることはとても困難です。最初から、入社後に活躍できると分かっている人材を採用しなければなりません。

そのためには、どの仕事のためにどのような能力がある人材を採用すべきかということを明確にしておく必要があります。つまり、求める人材の人物像について明文化できていなければなりません。

それも「コミュニケーション能力が高い人」といった抽象的な定義ではなく、採用後に配置される部門の仕事では、どのようなコミュニケーション能力が必要なのかというところまで明文化します。たとえば、説明能力やプレゼン能力なのか、聞き上手で顧客のニーズを引き出す能力なのか、あるいは両方なのかなどです。どのようなときにどのような対応をできる人材なのかということまで明文化しておく必要があります（詳しくは第6章コラムを参照）。

このような明文化を行うためには、採用した人材に、入社後1～3年の間にどのような業務でどれだけの成果（具体的な数値が好ましい）をあげてほしいのか、ということを明確にしておく必要があります。

そしてこの成果をあげられる人材要件を確定しておくのです。

これらの明文化は、販売戦略における「ペルソナ」の設定に似ています。顧客の人物像をできるだけ具体的に明文化することで、的確な販売戦略を立てることができます。

同様に、人材採用活動においてもペルソナの設定は重要な戦略になります。人材採用活動におけるペルソナは三つの視点で設定します。

一つめは「属性」で、住んでいる場所、通っている学校・学部・学科、所属している組織団体などです。

二つめは「嗜好性」で、どのような会社で働きたいと考えているか、つまり会社を選ぶ基準です。

三つめは「関心事」で、どのような趣味を持っているか、どのような活動をしているか、休日はどのように過ごしているかといったことです。

以上のペルソナを設定する前に、人材に求める仕事の難易度も明確にしておきます。これも大きく3段階あります。

一つめは、決められたことを決められた通り実行できる、すなわち〔オペレーション業務〕。

二つめは、決められたことはある中で、〔状況に合わせて創意工夫が必要な業務〕。

三つめは、相手や状況によって〔自分で考えて物事を生み出す必要のある業務〕。

左に行くほど難易度が高まるため、採用したい人材に求める基準も高くなります。

たとえば弊社の場合はコンサルティング業務ですから、クライアント企業の状況や経営者のニーズに対応できる企画を立てて設計し、制作できる高いクリエイティブ性が求められます。

したがって、人柄が良いというだけで採用するわけにはいきません。「思考力」「行動力」

「影響力」の三つの軸が、高いレベルで備わっている人材を採用します。

また、「言語」「数理」「論理」の3分野でテストを実施して基礎能力を測ります。

それだけではありません。

長期のインターンシップを通して、成果を生み出す行動力があるかどうかもチェックしているのです。

これほどまでに厳しい条件で採用するためには、その前提として優秀な学生たちが集まるような「場」や「企画」、「関わり」を創り出す必要があります。

以上のように、どのような人材に来てほしいのかということをまず明確にすることが、人材採用活動の最初の一歩となります。

採用活動とは、人を多く集めることではありません。その会社が求めていない人材が100人集まるよりも、求める人材が3人来てくれることを目指すのです。そのことを考えれば、おのずと就職サイトに掲載する文面やインターンシップのプログラム、選考の難易度も変わってきます。

デキル人材は就職サイトの広告だけでは出会えない

私が新卒採用活動に従事するようになってから17年経ちますが、この3年ほどの間に、学生の就職活動に対する考え方が変化しているようだ、と感じています。

実際、私が採用したいと思った学生たちに「就職活動はどのように進めているの？」と尋ねると、**ほとんどの学生は従来定番とされていた就職活動をしていない**ことが分かりました。

従来の活動とは、「リクナビ」や「マイナビ」といった大手就職情報サイトにエントリーし、3月1日から始まる合同説明会にリクルートスーツを着て参加する、といったスタイルです。

しかし私が声を掛けた学生たちは、このような活動をしていないと言うのです。

たとえば、ある学生は早い内から大学3年までに複数の企業のインターンシップ企画に参加し、入社したい会社を決めたと言います。またある学生は、スカウト型の情報サイトに自分のプロフィールを登録し、声を掛けてきた会社を見て回った上で、入社先を決めていました。そして別の学生は、新卒に特化した人材紹介企業を活用して、紹介された会社が自分に合っていたということで入社を決めています。

他の学生たちもこれといった定番があるわけではなく、それぞれのスタイルで就職活動をしていました。

つまり、学生の就職活動スタイルが多様化しているのです。

私が彼らとの会話の中に見たのは、ほとんどの学生が一斉に始める従来の就職活動スタイル、すなわち3月1日からリクルートスーツを着て大手就職サイトが主催する合同説明会に参加したり、就職情報サイトに登録して就活することを、「ダサい」と思う風潮が生まれ始めているということです。同時に、周りよりも一足先に自分を必要としている企業を見つけることがステータスだとも感じているようです。

この風潮は、特に都内の学生に顕著なように思えます。あくまで主観ですが。

たとえば、年間で1万人以上の応募がある弊社でもリクナビを利用しますが、最も安いシンプルプランでエントリー機能を利用している程度です。レガシードに入社する学生のほとんどは、大学3年生の夏から冬にかけて行うインターンシップに参加したことが入社につながっています。

ですから、新卒を100人以上採用する規模の企業であれば、就職サイトにお金を掛けることも必要になってきますが、採用人数が10人以下という企業の場合は、大手就職サイトに頼らない学生との出会い方を検討すべきです。

たとえばレガシードでは毎月、経営者や人事の担当者を講師として招き、大学では学ぶことができないテーマのセミナーやイベントを開催しています。企業の経営者や人事担当者にとっては、このような場を活用して自社の認知度を高めたり、学生とのマッチングを図ったりして一本釣りで採用できる場を提供しています。

想像してみてください。２０１３年度のリクナビの掲載企業数は６２４２社で、マイナビは５７００社でした。それが２０１９年度にはそれぞれ3万社を超えており、たった6年で約５倍の掲載社数になっているのです。

このような大手就職サイトから自社を探し出してもらえる可能性はかなり低いと考えざるをえません。実際、２０１８年から２０１９年にかけて、大手就職サイトでの1社当たりの学生のエントリー数は約20～35％も減っています。

新卒採用を行おうと決めると、真っ先に大手の求人広告に多大な広告費を投じる経営者が多いですが、はたしてそれしか方法がないのでしょうか。自社に適した人材の集め方はほかにもあるのではないかと考えて情報収集をし、意思決定することが重要です。

お金を使うよりも知恵を使え！

満足な採用活動にはお金を掛けなければならない、と考えている経営者は多いでしょう。しかし、求人募集広告などに1000万円以上のお金をかけられますかと聞くと、多くの企業は「ノー！」と言うでしょう。

私は前の会社で新卒採用を担当したとき、会社から与えられた予算は300万円でした。それも、中途採用の予算も合わせての額です。まだ採用にどれくらい費用がかかるか知らなかった私は、十分な予算を確保できたと喜びました。

ところが実際に大手就職サイトを5社ほど呼んで話を聞いてみると、広告掲載料の基本料金だけで年間に200万円かかり、オプションをつければ300万円になってしまうことを知り、驚きました。

会社案内のパンフレットも作りたいと考えていましたが、こちらもデザイン会社の見積もりは200万円ほどになっていました。しかも私は動画も制作するつもりだったので、そちらの見積もりも10分の映像で200万円ほどになっていました。

自分が考えていた計画を実行するためには、予算が全く足りないことを思い知らされたのです。

──予算が足りないなら、知恵を絞るしかない。

といっても、大した知識もありませんでしたから、まずは書店に向かいました。ところが採用関係のコーナーに置かれているのは面接の仕方や人事制度の本ばかりです。自分が知りたい採用プランの設計方法や人を集める施策について書かれた本がありません。これはますます、自分の頭を使って考えるしかありません。ところが私は一般的な就職活動をしてこなかったので、就職活動を経験している10人の友人にヒアリングを行いました。

就職活動といえば、学生はまず何をするのかと尋ねると、就職サイトにエントリーし、興味のある業界や職種、ピンときたキーワードを使って検索すると言います。このとき、企業名で検索することはありません。当然ですよね。まだどのような企業があるのか知らないのですから。

そこで私も自分が所属している人材業界を「人材」というキーワードで検索してみました。すると5000社を超える企業がヒットしました。これでは単純に自社を登録しても埋もれてしまい、学生に発見される可能性はかなり低いと思いました。

それでも気になる企業を見つけた学生は、次に会社説明会に参加します。ところがその説明会に参加した友人たちに様子を聞くと、ほとんどの説明会は寝てしまうほどつまらないのだと言います。

ならばなぜ、貴重な時間を費やしてまでそのような説明会に参加するのかと尋ねると、そこに参加しなければ次のステップに進めない、つまり選考テストを受けられないからだと言うのです。選考テストとは、筆記テストを基本に、適性テストや面接を受けることです。

そうしてようやく内定が出るのですが、内定が出ない場合は全く連絡がないか、いわゆる「お祈りメール」が届くだけだと言います。当然、なぜ内定を得られなかったのかというフィードバックなどありませんし、内定を出した企業からもその理由は伝えられません。

そしてさらに私が驚いたのは、次の質問への答えです。

「内定が決まった会社に入社したら、どんな仕事をするんだい？」

「そんなことは入社してみないと分からないよ」

内定を出した企業も、採用活動においてどのような仕事をして欲しいのかということを学生に伝えておらず、入社を決めた学生たちも、どのような仕事をすることになるのか分かっていないと言うのです。

——そういうことか。

私ははっとしました。昨今では、新卒で入社した人材が3年以内に3割以上辞めてしまいます。この原因は、入社後の取り組み方に問題があるように考えられがちですが、実は採用前の就職活動中に、お互いがきちんとマッチングされないままに話が進んでいくことにあったのです。

学生側からは希望する仕事をアピールできていないし、どのような仕事をすることになるのか分からないままに就職活動をしています。会社側も、どのような仕事をしてほしいか伝えず、採用するまでその人材がその仕事に向いているのかどうか分からないまま採用活動をしているのです。

これではお互いに目隠しをしたままお見合いしているようなものです。

そして友人たちへのヒアリングから得られた結論は、学生たちは就職活動にそれほど価値を見出せないまま、そして前向きさも持たないままに流されるように就活を行っているということです。

ここに私は中小企業のチャンスを見つけました。

学生たちは大手企業の説明会や選考会に行っても、良かったとか満足したとか、あるいは楽しかったという体験をしていません。ここでもし、学生たちが「参加して良かった」と価値を感じられる説明会や選考会を企画し、しかも学生たちに仕事の内容や魅力を実感してもらえる体験を提供できたら、学生たちの間で注目されるのではないだろうか、と考えました。

そこで早速、学生たちが発見や感動、楽しさ、そして仕事の面白さを体験できる体感型の会社説明会を開催したところ、最初に説明会に参加した7名（そのうち私の後輩が3名でした。笑）が「こんな面白い説明会はなかった」と拡散してくれて、5回目の説明会には学生が学生を呼び、一気に100名を超える参加者が集まりました。しかも説明会の半分の時間は毎回違う企画をしていたので、一人の学生が平均3回はリピートしているという結果が出ました。会社説明会のリピーターなど、私も聞いたことがありません。

さらに嬉しいことに、「類は友を呼ぶ」のか、優秀な学生ばかりが参加し始めたのです。

この成果から分かったことは、**多くの企業が会社目線の、会社主体の説明会を開いている**ということです。だから会社説明会の参加者はあくびをこらえているか、寝てしまうのです。

ここで、学生目線になり、学生が知りたいことや学生に役立つこと、そして学生が夢中になれる説明会とはどのようなものだろう、と考えることができれば、中小企業でも優秀な学生を集めることができるのです。

人を採ることだけを目的にすると人は集まらない

本書を手に取られた企業の方は、既に新卒採用活動を始めておられるかもしれませんし、これから始めようとしている段階かもしれません。

本書もいよいよ第1章に入る手前に差しかかりました。

そこで改めて質問させてください。

「新卒採用活動とは、何を変える活動ですか？」

様々な答えが返ってきそうですね。会社を変えるため、組織を変える（活性化する）ため、業績を変える（上げる）ため、会社の未来を変える（創る）ため、社風を変える（新風を吹き込む）ため、社員・役員の意識を変えるため、平均年齢を変える（若返らせる）ためなど、いくつもの答えが浮かんだかもしれません。

しかし私はあえて言います。

「新卒採用活動とは、世界を変える活動です」

何を大袈裟《げさ》な、と言われるかもしれません。少し話を聞いてください。

たとえば以前、会社説明会で私は一人の学生から次のような質問を受けました。

「日本の学校教育をよくするために、近藤さんなら何をしますか?」

面白い質問です。この質問もまた、人によって様々な答えが返ってくるでしょう。私の答えはこうでした。

「教師の採用試験を変えるよ」

当然、「なぜですか?」と聞かれました。もしも、教師の採用試験をより本質的で実践的なものに変えることができれば、教師を目指している人たちの意識や取り組みが変わります。するとそれに答えるために、教師の卵を育てる大学教育をはじめとした教育機関のあり方も変わってきます。当然、そこでのカリキュラムも変わってくるでしょう。

そのような答えを口にしたとき、ああ、新卒採用も同じではないか、と改めて実感したのです。

新卒採用は、学生からの出口であると同時に社会人への入り口です。ですから新卒採用がより本質的な活動になれば、学生たちは大学時代の過ごし方が変わってきますし、大学側の教育のあり方にも変化が生じるでしょう。すなわち、カリキュラム、キャリアセンターなど全てのあり方が変わってきます。

つまり、新卒採用活動を本質的なプロセスに変えることが、よりよい人材が入社することに繋がり、それが既存の社員の意識や行動を変えていきます。その結果、会社が社会に提供できる新しい商品やサービスが生まれ、会社が成長して社会への関わり方や影響力も変わっていきます。その結果、世の中を変えていくことになります。

スティーブ・ジョブズが世の中に出した「ｉＰｈｏｎｅ」や、Ｇｏｏｇｌｅの検索システムなどといった新たな製品やサービスが、世の中を一変させたことを思い出してください。学生が人材になり、人材が会社を変え、会社が社会を変えるのです。

ですから私は、採用活動とは、世の中を変える偉大な活動であると考えています。

多くの経営者や人材採用担当者は、当然ながら自社にいい人材を入れたいとだけ考えています。しかし本書を手に取られた方には、採用活動が、これから出会う学生たちの人生を良くするための活動であること、既に働いている社員の意識や行動をよりよく変えていくこと、そして会社が成長することでより良い社会を創り上げていくことを意識していただきたいのです。

若い人たちは、その企業に「大きな志」があるかどうかに敏感です。放っておくと流されるように大手企業を目指して就職活動を行ってしまいますが、そのような中でも「大きな志」を持った企業に出合えれば、気持ちが動かされ始めます。

大変ありがたいことに、私たちの新卒採用に対する考え方やノウハウに賛同いただける企業が増えてきており、少しずつですが着実に新卒採用活動がより本質的かつ実践的に変わり、世間一般で広く行われている退屈な説明会や効果の薄い選考内容を払拭《ふっしょく》しつつあります。

そのようにして新たな取り組みをされる企業が増えることにより、就職活動に対する学生側と企業側の意識や取り組みに大きな変化の兆しが感じられるようになりました。

今後10年、企業の新卒採用に対する意識や取り組み方が変わっていくことで、次世代を担う若者たちの生き方にも新たな変革が起こり、彼・彼女らが、新しい時代を切り拓いていくはずです。

私は、人材採用コンサルティングを通して、そのことに貢献したいと思っています。

第1章

「集まらない、活躍しない、続かない」が会社の悩みのタネ

悩みが生まれる最大の問題は「社長の考え方」にあった！

優秀な人材が集まらない、という悩みを持っている経営者の方に尋ねます。

「あなたは、応募してきた学生に対して、トヨタやリクルートなどの大手企業に入るよりも、わが社に入ったほうがいい、という強い確信を持って接していますか？」

おそらく、「いや、ウチに入ってくれたら嬉しいけど、トヨタやリクルートなどの大手に行

けるならそのほうがいいよねぇ」と思いながら学生に接しているのではないでしょうか。

そのような考えでは、優秀な人材を採用することは難しいでしょう。

このように考えてしまう原因は、現在の企業規模や労働環境で大手と比較しているためです。

私は、小さな企業が学生たちと接する際は、将来こうありたいと思っている未来の自社の姿を訴えることを提案しています。したがって、学生たちに対しては、「今は正直、こんな小さな会社だが、将来は（売上でも知名度でも）こんな規模の企業に成長させたいので、一緒に目指さないか。ワクワクするぞ」というような未来志向の説得を行うことを勧めています。

現在は名だたる大手企業も、創業時は町工場やマンションの一室、あるいはガレージなどからスタートしたところがいくつもあります。そして大切なのは、そこに志の高い優秀な人材が集まり、情熱を持って仕事に打ち込んだ結果として、会社が成長したということです。

つまり、成長が先ではなく、人材が先です。

したがって、新卒採用活動を行う際は、自社の将来のイメージとして、「誰もが憧れる業界のリーディングカンパニーに成長している」というイメージをしっかりと持つことが大切です。

そしてそのようなイメージを持つことは、実は人材採用だけに限らず、会社を経営するうえでもとても大切です。このイメージがなければ、有効な経営戦略を立てることもままならないはずです。

少々おこがましいのですが、レガシードは現在20名ほどの小さな会社でありながら壮大なビジョンを掲げているため、毎年優秀な新卒の人材を採用できるという確信を持っています。それは、優秀な人材ほど、成長を目指している志の高い経営者に魅力を感じるためです。

優秀な人材は、放っておけば優秀であるがゆえに大手企業に採用されていきますが、実のところ、それでは面白くないとも感じているのです。大手企業の歯車になって、自分の能力や才能を封印してしまうよりも、小さくとも自分の能力や才能しだいで企業と共に成長できる場を見つけることができれば、そちらのほうがエキサイティングだと感じるスイッチが入るためです。

社長のビジョンや情熱、そして自信は社員にも浸透しますから、学生たちは会社説明会やインターンシップなどで社員と触れ合う機会があったときに、そのビジョンや情熱を感じ取ることができます。もちろん、社長自身が学生たちに直接、ビジョンや情熱、自信を伝えることが最も有効です。

そうして、新卒採用を行うたびに人材のレベルを高めていくことができれば、先輩社員たちにも必然的に「もっと成長しなければ」というムードが醸成されます。こうして下から突き上げられて成長することが組織の理想的な一つの姿です。

もう一つ社長が注意すべきは、採用した人材が活躍しない、長続きしないという悩みを抱えている場合です。このようなときの原因の多くは、とりあえず採用してしまえば、後から教育してなんとかなるという考え方に問題があります。

実は、能力が低い、あるいは適性が低い人材を後から現場で教育して育て上げるのは至難の業《わざ》です。ほぼ不可能といってもよいかもしれません。

ですから、新卒採用に際しては、はじめから必要としている仕事に対応できる能力や適性のある人材を採用しなければなりません。

その人材は、入社したら現場で活躍できるかどうか、自社のビジネス環境の中でも様々な障害を乗り越えていけるだけの精神力と行動力というタフさを持っているかどうか、を見極められる採用活動をしなければなりません。

そのためには、学生にも自社のいいところばかりを伝えるのではなく、現実の厳しさも伝えて反応を見る必要があります。

人員が足りないからとりあえず頭数を揃えるために採用するという安易さが、後々現場で足を引っ張る社員を生み出してしまうのです。

採用が成功しない八つの誤った思い込み

新卒採用において、多くの社長や採用担当者が誤った思い込みをしているために失敗しているケースが見られます。

ここでは、それらの誤った思い込みを八つ紹介しましょう。

誤った思い込み1　大学3年生の3月から採用活動が開始される

就職活動の時期は、国や日本経済団体連合会（経団連）の施策で時期が変わることもありますが、現時点では大学3年生の3月から大手就職サイトが解禁となっています。

そのため、その解禁時期に照準を合わせて採用計画を立てている企業も多くありますが、就活生の多くは大学3年生の春ないしはそれ以前から企業研究やインターンシップへの参加を始めています。

実際、レガシードにもその3月が始まる以前に、募集人数のうちの3分の2が応募しています。中には大学1年生のときから長期インターンシップに参加している学生もいるのです。ですから、大学1年生から参加しているインターン生が、そのままその企業に入社を決めた場合は、新入社員のときには既に入社3年目の人と同じ仕事をしている可能性もあります。

ところがやっかいなことに、早期の採用活動を始めようとすると、まさに当該年度の採用活動が佳境に入っている3月から6月に、翌年の採用活動の準備やスケジュールを立てる必要に迫られてしまいます。そこで多くの企業では、その年度の採用活動が一段落しないと翌年の採用活動の準備を始めません。

ここで差が出ます。

この重なりへの対応は、採用チームを年次で分けたり、当該年の採用の目処《めど》を4月に立てるなどして、翌年の採用準備を進められるようにしている企業もあるのです。

近年は、大学3年生の3月には内定が決まっている、あるいは入社する会社を決めているという学生も増えてきています。さらには、大学1年生の時点でインターンシップを通して内定の権利を与えるという企業も出てきています。

もはや大学での学年を問わずに就職活動をしていくというスタイルが、この10年の間に当たり前になっていくでしょう。

誤った思い込み2

求人広告が母集団形成の最優先手段

既に述べたように、学生たちの企業を探す方法が多様化するに従い、就活サイトの効果は下がってきています。このようなときに、特にありがちで注意しなければならないのは、求人広告代理店を複数社呼び出し、営業の人柄や料金（割引率）で媒体を選んでしまうことです。はっきり言って、営業マンの人柄や料金は、人材集めの効果とは無関係です。もちろん、担当営業者が誠実であることは必須条件ですが、十分条件ではありません。また、就活サイトの求人広告だけでなく、合同説明会やイベント、人材紹介、スカウトなど、いずれのアプローチにおいても費用はかかります。

そこで私が母集団形成の方法として強くお勧めしているのが、「口コミ」というアプローチです。この方法には費用がかかりません。もっとも、口コミになるような仕掛け作りには若干の費用が必要にはなります。しかし、口コミの拡散自体は無料で行われます。

しかも口コミの優位なところは、自社にマッチした人材を集めやすいということです。口コミは、その会社の活動に興味を持ったり感心したりした学生たちを中心に拡散していきますので、自社にマッチした人材をターゲットとして狙えるのです。

そしてもう一つ特徴的な現象として、口コミをきっかけにしてエントリーした学生は、一般的な就活サイトをきっかけにしてエントリーした学生よりも会社説明会への着席率が高いということです。

この口コミの効果を狙うためにも、インターンシップや会社説明会を行うときには、通り一遍のありふれた内容にするのではなく、参加した学生が「来てよかった」「また来たい」「楽しかった」「勉強になった」などと、なにかしら好印象を持ち帰ってもらえるだけの企画を立てなければなりません。

この企画を立てるところは頑張りどころとなりますが、毎年高額な費用を支払わなければならない求人広告の効果が下がってきているのに対して、口コミはいったん拡散を始めれば、無料でしかもターゲットとなる属性を持つ学生たちに伝播《でんぱ》していきます。しかも年次を越えて先輩から後輩へと拡散していきます。

その結果、広告費は削減しているにもかかわらず、エントリーが増えるという現象が起こります。

学生は、就職活動を始める際には、部活やサークル、ゼミの先輩たちに、「去年はどこかいい会社がありましたか?」などと必ず尋ねます。ここで、御社の名前が出るかどうかがポイントです。

ただ、口コミは、「あの会社だけはやめておいたほうがいい」などという悪い噂も広まりやすいので、この点は十分注意しなければなりません。

誤った思い込み３〉会社説明会では社長や社員が一方的にプレゼンをする

会社説明会では、学生たちは一見神妙に話を聞いているように見えるため、社長や採用担当者は、自分たちの説明に学生たちが真剣に耳を傾けていると思い込んで満足してしまいます。

しかし、会社説明会の終了後に、参加した学生たちにインタビューすると、ほとんどの学生たちは、今、聞いたばかりの会社のことを説明できません。確かにメモ帳やノートには、聞き取った情報が記録されていますが、頭には残っていないのです。

会社側が自社のことを伝えられたと錯覚しているのと同様に、学生たちもまたノートに書き取ったことで説明を理解したと錯覚しているのです。

なぜ、このようなことになっているのでしょうか。

それは学生たちが「受動的な脳」の状態で参加しているためです。その理由は、会社側が一方的な説明をしているからで、これでは学生たちの頭にも心にも何も残りません。

では、どうすれば「能動的な脳」で参加し、頭や心に御社のことを刻み込んでくれるのでしょうか。

それには、学生たちが自ら考えて行動しなければならない状況を用意する、つまり参加型のワークショップを行えばいいのです。そのために、座席も6人前後のグループ単位でディスカッションしやすいように島型に設置し、各テーブルの中央には会社に関する複数の資料を置いておきます。

「さて、これから20分間かけて、各テーブルに置かれた資料を読んで私たちの会社について理解してください。その後の15分間は、グループでディスカッションしながら、テーブルに用意された模造紙に、私たちの会社の強みや魅力についてまとめてください。そしてその成果を、5分間でプレゼンテーションしていただきます」

このように、学生たちが能動的に頭を働かせなくてはならない状況を用意することで、学生たちは頭をフル回転させて御社を理解しようとします。しかも、グループでわいわいがやがやとディスカッションしながらプレゼンの準備を行うという体験は、思いのほか楽しいものです。

その様子を見ると、社長や社員の方々は、これまでの会社説明会と打って変わった学生たちのイキイキとした表情に驚かれるはずです。

この結果、学生たちは御社をより深く理解し、しかも「楽しかった」「充実した時間を過ごした」「ユニークな説明会だった」などと口コミをしてくれるのです。しかも学生たちの頭や心には、しっかりと御社のことが刻み込まれているので、口コミにもその記憶が反映されるのです。

誤った思い込み4 履歴書（エントリーシート）や筆記、面接で選考をする

採用で人材を評価する際、どうしても履歴書や筆記試験、短時間の面接を頼りにしてしまいます。しかしこれは、かなりリスキーな選考方法だといえます。

想像してみてください。プロ野球選手をスカウトする際、履歴書や筆記テスト、そして面接で決めるでしょうか。その選手が使えるかどうか、実際に投げさせ、打たせ、走らせるのではないでしょうか。あるいは実際の試合でのプレーや練習風景も観察するかもしれません。そうしなければ、とても怖くて採用できませんよね。

ところが新卒採用になると、途端にこのリスキーな方法に頼った選考をしているのです。

たとえば営業部門に配置する人材の採用では、履歴書上の学歴や筆記テストの点数がよく、短時間での面接もそつなく対応できたとしても、それらの評価だけでは営業職として活躍できるかどうか分かりません。

実際、私は履歴書に書かれた自己ＰＲを真剣に読んでいません。これは、なんとでも書ける

ためです。「私は粘り強い人間です」と書いてあっても、上司から些細な注意を受けたり、顧客から企画書の再提出を求められたりすると、簡単に心が折れてしまうかもしれないのです。自己PRに書かれていることや面接で語っていることは、主観による思い込みかもしれませんし、就職マニュアル通りに書いたり語ったりしているだけかもしれません。

ですから私は、履歴書を見ても、書き方が見やすいように配慮されているかとか、写真は丁寧に貼られているかといったことのほうが気になります。ほかは学歴や部活動、アルバイト経験などの基本情報を確認しているだけです。

それでは、どうすれば人材を見抜くことができるのでしょうか。

それには、行動を観察することです。前述のグループワークに参加しているときの様子や、インターンシップで共に行動しているときです。行動というものは、急に繕うことが難しいものです。人は普段から行動している通り、考えている通りに動いてしまうのです。

ですから、人材を見抜くためには、行動せざるをえない状況を用意することが肝心です。

誤った思い込み5 〉選考はなるべく短縮化する

最近の傾向として、学生の労力を軽減するために選考期間を短くする会社が増えています。

しかし、この取り組みは逆効果です。学生と会う頻度を減らすことで入社動機が高まるとは考えにくいからです。

一般的には、会社説明会から内定が出るまでの期間はおおよそ2～3カ月ほどです。その間に企業側が一人の学生と接する時間はわずか5～6時間程度。説明会が約2時間、筆記テストや面接を3回行っても合計で3時間程度です。しかもこの接触時間の多くは、企業側が一方的に説明し、一方的に質問することに費やされます。

このようなわずかな接触で、企業は学生を評価できませんし、学生もその企業にどうしても入社したいという強い気持ちを持つことは希《まれ》でしょう。

よく就職活動は結婚に似ていると言われます。どちらも、これから長い年月を共に過ごす相手を選ぶ行為だからです。しかし、結婚相手をわずか5～6時間の一方的な話しかけで決めてしまうことはありません。

学生が自社を理解し、理念や事業内容に共感し、入社したいという気持ちを醸成するためには接触回数や接触時間を増やすことが正しいのです。

とはいえ、採用活動にそこまで時間と労力を割くのは難しいという現実もあるかもしれません。

それならば、学生により多くの時間を使ってもらう発想をしてはいかがでしょうか。

次回の面接日時を告げる際に、日時と会場だけを伝えるのはもったいないということです。このとき、「1次面接は合格ですので、2次面接を行います。つきましては、次回面接までに、私どもの会社の魅力を10個あげ、入社してからのキャリアをどのように描きたいのかをまとめて、次回の面接時に5分間のプレゼンテーションができるようにしておいてください。その間、疑問点などがありましたら遠慮なく電話してください」と伝えるのです。

このことで、学生は、実際には企業の担当者と接していなくても、企業のことを調べたり考えたりする時間を過ごすことになります。この時間で、共感を醸成するのです。

「そんな手間のかかることを学生に強いたら辞退されてしまう」

そのように思われるかもしれませんが、それは誤りです。簡単にとれた内定ほど、簡単に辞退されてしまいます。努力して勝ち取った内定であれば、簡単には手放しません。ここまで頑張ったのだから、この次も頑張ろう、と思うものなのです。

そもそも、このような課題を学生が面倒くさいと思った時点で、そのような人材が入社しなくてよかったと考えるべきです。なんとしてもこの会社に入りたい、というモチベーションの高い人材を見つけ出すことが大切です。

誤った思い込み6　内定辞退を見込んで内定をたくさん出す

新卒採用活動において、売り手市場になると、会社は早く人材を囲っておきたいとの思惑から、早めに内定を出しがちです。役員面接や社長面接の段階で、欲しい人材を見つけると内定を出してしまうのです。まだ、学生自身の入社意思が固まっていないにもかかわらずです。

このようなときは、むしろ内定をできるだけ後出しにしたほうが確実な採用につながります。内定を出し、それに対する内定承諾書が返ってきたとしても、そこには法的な拘束力はありません。

このあたりも結婚に似ており、「まだほかに、もっといい相手がいるかもしれない」と、どちらかが思っているうちは結婚は成立しません。

したがって、内定を出すタイミングというのは、学生側も入社の意思を持っているという状況になったときになります。

レガシードでは、内定を出してから基本的に1週間以内に親も署名した承諾書を返送していただけなかった場合は、いったん内定を取り消すと内定を出す前に伝えています。また、まだ入社を迷っており、もっといい会社があるかもしれないと考えている学生は、内定を出されても困るため、「もう少し考えさせてください」と言います。

そのようなときは次のように言います。

「ウチはありがたいことに多くの学生たちが志望してくれているので、みんな採用したいところだけども、事業計画上、今年は10名という採用枠を決めているんだよ。だからウチからの内定を早く承諾してくれた学生から優先的に採用を決めているんだ。私はあなたと働きたいと考えているけれども、この事情は知っておいてね」

企業が内定を出すと、その時点で学生が優位に立つことになります。学生と五分五分の立場で関係を維持し続けるためには、あわてて内定を出してはいけません。

誤った思い込み7 新卒人材は即戦力になりづらい

新卒は即戦力にならない、と決めつけている社長や採用担当者は多いでしょう。新卒は社会経験もないし、入社後3年間は教育期間だと割り切り、戦力としては見込めないと諦めているのではないでしょうか。

しかしこれは、戦力にならないのではなく、戦力にする取り組みをしていないだけです。企業側が学生と出会って内定を出し、その後入社するまでには1年間もの教育期間があります。

これを使わない手はありません。

たとえばレガシードでは、新卒入社1年目で既に自分の担当する顧客を持ち、コンサルティング業務を行えるようになっています。立派な即戦力です。

また、私がいた会社でも、4月1日の入社式が終わると、早速入社したての新人が営業に行き、「契約をいただきました」と契約書を持ち帰ることがありました。

なぜこのようなことが起きているのでしょうか。

彼らは入社前のアルバイト期間中に、「ぜひ、私が入社したら最初に提案させていただけませんか」と見込みの高い方にアポをとっていました。そして入社後、実際に提案をして契約をいただいていたのです。

つまり入社初日には、既に自社の商品やサービスをきちんと伝えることができ、契約書を交わせるだけの力が身についていることになります。

ここで大切なのは、採用側は学生が入社した時点でどの職務についてどのレベルまで仕事ができるようになっているかという目標を明確にし、そこから逆算して、必要な知識や経験を入社するまでに持たせるような計画を立てることです。

このことは新卒が即戦力になるということだけでなく、学生と企業側がお互いのことをより深く知ることができる採用計画を立てられるという意味でも価値があることです。

誤った思い込み8

社長の鶴の一声で求人をスタートさせる

企業は事業計画を立てます。家を建てるときには設計図を描きます。そしてＩＴシステムを開発する際には仕様書が必要です。

ところが新卒採用活動となると、事前に計画書や設計図を作成する会社は極めて希です。社長の鶴の一声で、担当者が行き当たりばったりの活動を始めてしまうのです。

その結果、自社が求めている人材を集めるのに適した媒体を選定できていなかったり、スケジュール組みや採用チームの編成が機能的に行われていなかったりします。このような状態では当然のことながら、会社説明会から内定出しまでの選考フローで、効果的な動機形成など期待できるはずがありません。

レガシードがコンサルティングしているクライアントでは、毎年1～2日間かけて、採用活動の設計図を作成しますが、そこには社長をはじめ、各事業部の幹部や採用担当者が総出で参加します。

その場では、最新の学生の動向や見込みの高い母集団形成の手法、効果的な施策の実例などを知っている、新卒採用への知見のある人材がファシリテーションを行って設計図作りを進めます。

すなわち、新卒採用というのは、欠員ができたからと穴埋めのためにあわてて行うようなものではなく、3年後、5年後、あるいは10年後の会社や組織のあり方を見据えて、そこから逆算して、いつどのような人材が何人必要なのかという視点から計画しなければなりません。

より具体的には、会社が何年後にどのような成長を遂げているためにはどれだけの売上を達成していなければならないか、という事業計画からブレイクダウンした人員計画を立て、その人員計画を実現するためには、どのような職務にどのような人材を、いつまでに何人採用する必要があるのか、という数値化された目標を出せるところまで落とし込む必要があります。

新卒採用とは、穴埋めのために行うのではなく、成長に必要な補強のために行うのです。

(※これらの思い込みを破る詳しい取り組み方は、後述します。)

「枠内思考」から「枠外思考」へ

考え方を変えるのは難しいことではありませんが、考え方を変えなければならないと気づくのは難しいといえます。私たちは常に、いつの間にか自分で作り上げた枠にとらわれて思考しているためです。
たとえば次の問題を解いてみてください。

問題：次の図のように等間隔で縦横に並んだ9つの点を全て、4本の一筆書きの直線で結んでみてください。

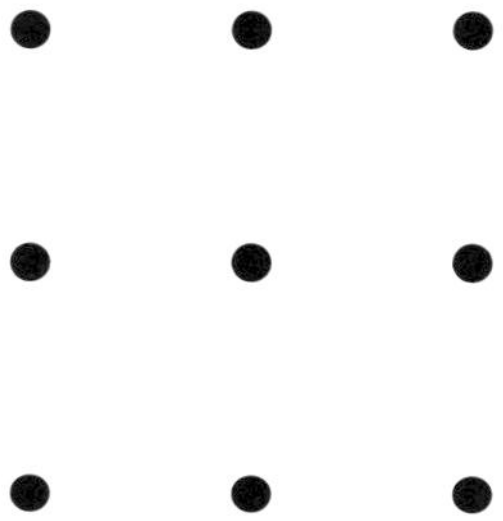

結べましたか？
もう一度念を押しますが、曲線ではなく直線だけを使います。どうしても次の図のように、結べない点が残ってしまいませんか？

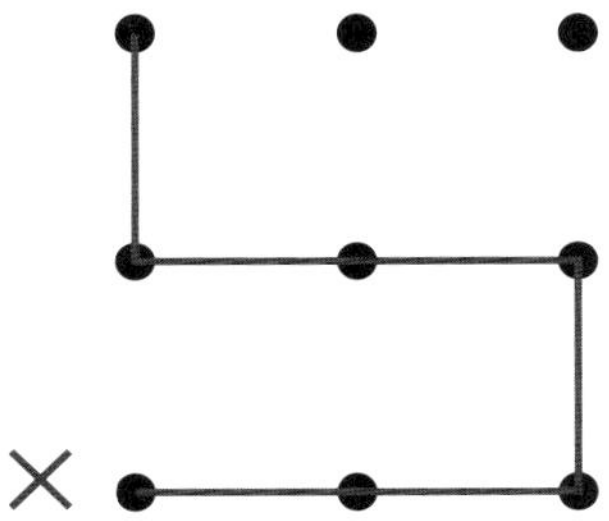

実はこの問題は、「平成教育委員会」というテレビ番組で出題されたことがある問題です。興味深いことに、この問題の正解率は子どものうちは高く、大人になるにつれて低くなったそうです。これは、大人になるにつれて、思考の柔軟性が失われてしまうことを示していないでしょうか。

ここでヒントです。直線を引く際、外側の点の位置をはみ出してはいけないと思い込んでいませんか？

さて、正解です。

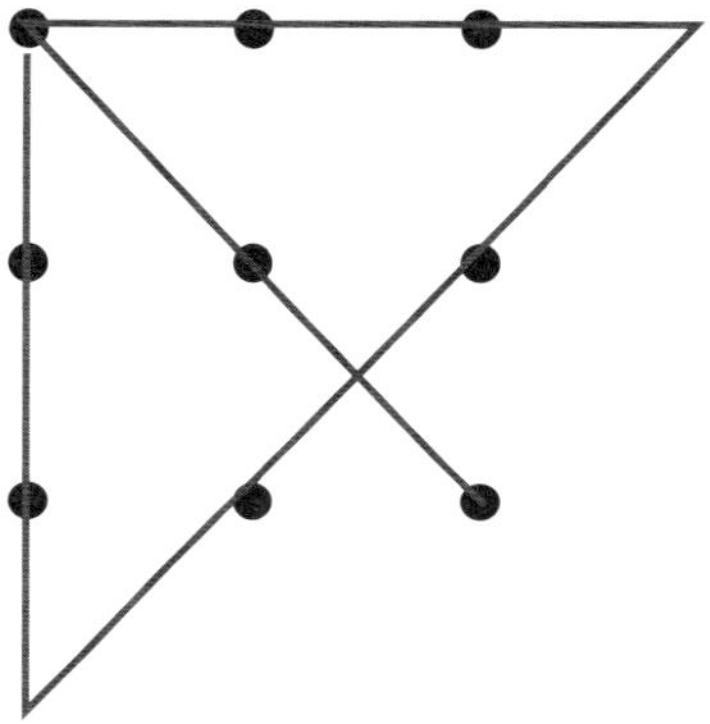

解答できなかった人は、次ページの図のように点線の枠内で解決しようとしていませんでしたか？

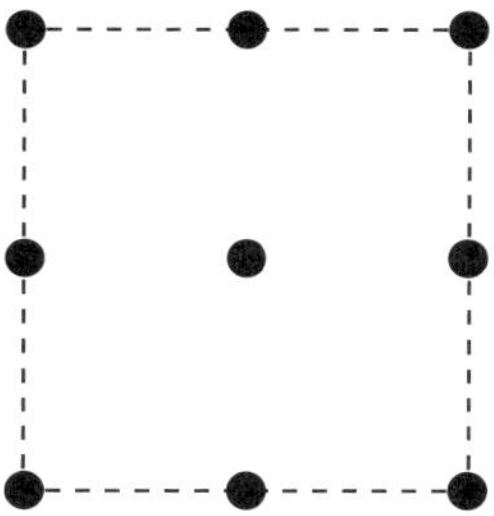

これを枠内思考（制限的パラダイム）と呼びます。

新卒採用においても、「採用活動とはこういうものだ」と決めつけてしまう制限的パラダイムに陥《おちい》っている可能性が高いのです。

なぜ制限的パラダイムの枠に囚《とら》われてしまうのでしょうか。

それは、人というのは変化しないほうが安心できる保守的な生き物であるためです。他者もやっている、自社もこれでやってきた、業界的には普通な感じがする、常識的なほうが波風が立たないなどと、とかく現状維持に走りがちです。

しかし、そのような姿勢ではイノベーションは起こせません。

みなさんの会社でも、変化する市場競争で生き残るために商品やサービス、販売方法などでイノベーションを繰り返してきているのではないでしょうか。

ところが、こと新卒採用に関しては、旧態依然といった会社がほとんどです。

そのことに気づいた私は、人材教育会社を退職するときに、私の業務を引き継いだ後輩に伝えたのです。

「採用活動は、毎年イノベーションさせなければならない」

絶対にマンネリ化させてはいけない、去年と同じやり方をしては絶対にだめだよ、と念を押してきました。

なぜそれほど念を押したのかというと、毎年四つの「状況」が変化するためです。

一つめは、「学生」です。

たとえば、数年前までの学生は、主にパソコンで企業情報を確認していました。しかし今は、8割以上の学生がスマートフォンで企業情報を確認し、会社説明会への参加を予約しています。そのため、企業側もスマートフォンでの閲覧に最適化された情報を発信し、コミュニケーションをとる方法にシフトしていく必要があります。

また、学生の「就職観」といったものも変化しており、これまでは王道とされてきた大手就職サイトの活用や合同説明会を必ずしも重視しなくなってきています。つまり、学生が就職活動において活用するツールも、毎年変化しているのです。

二つめは「競合」です。

新卒採用活動に積極的な企業は、採用活動への投資や新しいノウハウの導入を怠りません。独自のインターンシップを企画したり、選考プログラムを工夫したり、あるいは採用ツールなどをブラッシュアップし、より学生に訴求できる工夫をしています。

当然、自社も同様に努力しなければ優秀な人材の確保がおぼつかなくなります。どれだけ優秀な人材を確保できるかによって、10年後には競合との競争優位性の関係が変わってしまうことを忘れてはいけません。

三つめは、「市場」です。

求人倍率が上がる状況を売り手市場、その逆を買い手市場と言いますが、売り手市場か買い手市場かで、採用活動における戦略を変える必要があります。

たとえば近年のような売り手市場が加速している状況では、応募者数を増やすことよりも、会社説明会に来た学生の動機づけを高める施策に重点を置きます。

また、就活サイトや合同説明会などのマス型の広告媒体よりも、欲しい人材をピンポイントで集めることができるイベントやスカウト、人材紹介を活用したほうが効果的です。

四つめは、「自社」です。

つまり、自社の状況も毎年変わっていることを忘れてはいけません。業績や強化したい事業の種類など、経営戦略が変化することに合わせて、必要となる人材の人物像も変わってきます。採用基準は上がっていく傾向がありますので、常に前年よりも質の高い人材を採用できるように、採用戦略を練り直すことを怠ってはなりません。

以上の四つの「状況」が常に変化しているため、新卒採用活動も常にイノベーションが必要になります。

ところが、人は保守的だと既に述べました。また、制限的パラダイムにも囚われています。たとえば「安全」の反対は「危険」、「可能」の反対は「不可能」、「普通」の反対は「異常」、「常識」の反対は「非常識」と捉えてしまうのです。

その結果、採用担当者は「他の会社がやっているから」、「世間一般はこうなので」、「業界では常識なので」、「去年もこの方法でやったので」といくつもの理由を見つけては変化を避けます。また、実際にこれらの理由は経営者や上司の承認を得やすく説得材料にもなるという事情があります。

しかし、前例に倣っただけの現状維持や、周りと足並みを揃えるやり方では差別化ができません。差別化ができなければ優秀な人材を確保することは困難です。

そのため先ほどの制限的パラダイムから脱する必要があります。たとえば安全の反対は危険ではなく「新たな可能性の探究」、普通の反対は異常ではなく「今を少しでも変化させること」、常識の反対は非常識ではなく「新たな常識を創り出していくこと」という発想の転換が求められます。

そもそも、採用活動に関わっているスタッフ自身がワクワクするようなイノベーションがなければ、優秀な人材も惹きつけられないのです。

ですから、経営者がリーダーシップをとって採用活動でやらなければならないことは、今までのやり方や他社と同じようなありふれたやり方から脱し、新しいやり方や考え方を取り入れた独自のスタイルによる採用ブランドを確立させることです。

ここまで徹底することで初めて、「大手企業や有名企業といったブランドがなければ優秀な人材を集められない」といった思い込みを捨てることができます。

採用は何を以て成功したと言えるのか

4月1日の段階で、採用目標としていた人数が入社すると、採用活動が「成功した」と思われがちです。しかしこれは、勘違いです。**採用の成功とは、「定着化×戦力化」**が達成できて初めて成功といえるからです。

言葉は悪いですが、せっかく入社しても仕事が合わなかったといって辞められたり、定着したとしてもその人員が戦力とならないお荷物的な人材になったりしていては、企業の成長には寄与しません。それこそ、採用活動に費やした時間と労力とコストの無駄遣いになってしまいます。

「定着×戦力化」が満たされれば、企業側にとっても成長に貢献してくれる人材を確保できたということで成功といえますが、入社した本人にとっても、「ここで働けてよかった」と充実感や幸福感を得られることになります。

したがって、採用プロジェクトに携わるスタッフは、採用までが仕事だという意識で活動するのではなく、採用した人材が一人前になり会社の未来を担う人材となり、本人もこの会社で長く働きたい、と思えるようになることを目指して活動すべきです。

そう考えれば、目標の人数を採用できれば成功だという安易な採用はおのずとできなくなります。

特に、採用チームと育成チームが別れている会社では注意が必要です。採用チームは目標採用人数の達成だけを目指すようになるためです。

その結果、育成チームが現場から人材の質が悪いと責められると、「採用チームがいい人材をとらないからだ」と採用チームに責任を転嫁し、一方の採用チームは「育成チームの育て方に問題がある」と責任を押しつけ合うことになります。

そのため、もし採用チームと育成チームが別れているのであれば、採用活動とは両チームの工程を全て含めたうえでの成果、すなわち採用計画から育成計画までの共通認識のもとに進めなければならないという認識を持たせる必要があります。

そのためにも、社長がリーダーシップを発揮しなければなりません。

変わり始めている採用の新しいカタチ

これまでの新卒採用が上手くいかなかったからといって諦める必要はありません。採用活動が全く上手くいっていなかった企業でも、採用活動をイノベーションしたことで、それ以降は順調に進められるようになった企業は多くあります。

たとえば、選考プロセスに2日間の合宿型インターンシップを取り入れた企業がありました。その合宿でのテーマがユニークでした。「もしも10年後の会社にタイムスリップして、会社がテレビのドキュメンタリー番組に取り上げられたとき、どんな会社として紹介されているだろうか」ということを劇で表現しようというものです。

この取り組みでは、学生たちも、既に自分たちが会社の一員であるという前提で当事者意識を持って参加することになります。そのため、学生たちにとってはこの会社は将来どうなっているのかということと共に、自分の将来についても考えて想像する機会となります。

そして学生たちが予測した、あるいはそうなっていてほしいと希望した10年後の会社の姿を劇として見た先輩社員たちも、改めて自分たちの会社の可能性や魅力を再認識し、自分がここで働いている理由や意義についても思い返す機会を得るのです。

その結果、既存の社員たちは、新卒で入社してくる新人は自分たちが育てるのだ、という自覚を持つことができ、部門や事業部をまたがる連帯感も醸成されました。

別の例では、それまで「見極めの面接」を行っていた企業が「キャリア面接」に転換することで成功した例があります。

「見極めの面接」とは、主に応募者の履歴書上の情報を中心に質問を行い、応募者がどのような人物かを評価するスタイルの面接です。いわば、応募者の「過去」に焦点を当てた面接スタイルです。

ところが、このスタイルでは内定辞退が多く、常に目標採用数に届かない状態が続いていました。

そこで、面接に「キャリア面接」というスタイルを取り込みました。キャリア面接では、応募者である学生が人生で求めるものや働くうえで大切にしたいもの、どのようなキャリアを築いていきたいのか、といったことを聞き出し、そのうえでの不安材料や懸念材料を取り除いてあげ、自社で働くイメージを鮮明に描かせます。いわば、「未来」志向の面接スタイルです。

この面接スタイルを取り入れた結果、内定辞退者が激減するという成果が出ました。

他にも、就職サイトの広告掲載のみで採用活動をしていた企業が、レガシードが主催するマッチングイベントや新卒採用の紹介サービスで採用活動を成功させて、採用活動の効率化を図っています。

弊社の例もあげましょう。

弊社では、サマーインターンシップのいくつかのプログラムで高い成果をあげた学生だけが、半年間以上の長期インターンシップに挑戦することができ、これを経験した学生を中心に採用するという仕組みを取り入れています。

このとき、長期のインターンシップでは学生をコンサルタントのアシスタントにつけ、1〜2社のクライアントワークを一緒に進めさせます。さらに内定が決まった後の入社までの半年以上の期間で、さらに3社のクライアントワークを体験させます。

その結果、入社の時点では既に5社のコンサルティングにアシスタントとして、あるいは主担当として関わっていることになります。

そのため、他社の経営者に、レガシードに入社したばかりの新人ですと紹介すると、ほとんどの方が驚かれるのです。

そして来年の採用活動（2020年入社）では、合同説明会のブースを全て内定者や学生で運営させるという試みを行っています。内定者や学生は、会社の魅力を後輩たちに伝えるために、レガシードの魅力を再認識することになります。

また、自分たちが後輩たちのよきモデルとなるのだということを強く自覚しますから、成長への意欲や後輩を育てようという意識が強くなります。同時に、レガシードは若い人たちにとことんチャレンジさせる会社であるという企業ブランドをアピールすることができます。

さらには、内定者や学生が、半年間のインターンで大きく成長できたことを、まさに自分たちの体験や思いとして、自分たちの言葉で伝えることができます。このことは、社員たちが伝える以上の訴求力があると信じています。

昨今、インターンを実施する企業は増えてきていますが、そのほとんどは1dayスタイルの手軽なものですませています。長期インターンシップを取り入れている企業もありますが、全体の5％程度と言われています。

ところが、長期のインターンシップに参加したいという学生は増加傾向にあります。今まで学生たちは、入学すると学内で部活やサークルに入ることを検討していましたが、近年では同じような感覚で、**自分の経験値を積むために長期に参加できる企業のインターンシップを探し始めている**のです。

彼・彼女らは、企業のインターンシップに参加することで、社会でも通用する実力を高めたり、社会人とのコミュニティに参加したり、同世代の意識の高い人たちとつながることに価値を感じ始めています。すなわち、学生のうちから人材としての価値を高めようとしているわけです。

この学生たちの変化に対応すべく、レガシードでは大学1年生も含めた、学年を問わないインターンシップ制を取り入れていますので、現在では社員と同じ人数の学生が常時働いている状態です。

選ばれる会社、選ばれる集団になる

超売り手市場と言われる現在、私たちは採用活動に対する考え方をシフトさせる必要があります。特に採用活動というと、私たちは人材を「選ぶ」という発想になりがちです。しかし現在は既に、**人材から「選ばれる」企業を目指す**発想に切り替えていかなければならない時代です。

採用選考を経て内定を出した学生が、他社を選んだために自社は辞退されたという「内定辞退」の経験は、どの経営者や採用担当者にもあることでしょう。新卒採用においては、一人の学生が平均5社程度の会社を受けていることを意識しておくべきです。その中で、どうしたら自社が「選ばれる」のかを、常に考えておく必要があります。

長年にわたって新卒採用の前線にい続けている私にしても、内定を出した学生が他社を選んで振られたことはありました。そのようなことが起こるたびに、自分の会社、あるいは自分や社員がどのような魅力を持っていれば、あの学生はこちらを選んでくれたのだろうか、ということを考えました。

このように、新卒採用活動をすることは、自社や自社の社員たち、そして経営者自身が現在どのような状態であるのか、ということを改めて考えることでもあります。

経営者は、売上で競合他社よりも優位に立つために様々な挑戦を行っていますが、採用の面で優位に立つための施策を事業計画に盛り込んでいるケースは意外と少ないものです。

たとえばレガシードを経営する私は、社員を大切にすることはもとより、そのご家族まで大切にするためには何ができるだろうか、また、社員の健康を守りベストコンディションを維持させるためには何ができるだろうか、あるいは居心地のいいオフィス環境を創り出すためにはどうしたらいいのだろうか、というようなことを常に考えています。

さらに、社員が豊かな人生を送れるようにするために、いかに給与水準を上げていけるか、そのために、どのように社員に投資していくか。社員の帰属意識を高めて企業理念を浸透させるには何ができるのか。そして、会社としての戦略や戦術をどのように実行し、社員一人ひとりの目標達成をどのように創り出していけるのか。

そのようなことを、想《おも》いだけでなく、目に見えるかたちで示すことで、社員が会社の進化を実感できる取り組みを常に模索しています。

私がこれほどまでに考え続けているのは、今、働いている社員が自分たちの会社や仕事を誇れるようでなければ、学生たちに魅力など感じてもらえるわけがないと考えているためです。ありがたいことに、現在のレガシードは、応募者の多くをお断りしなければならない状況が続いています。

これは、私が「入りたいけれども入ることが難しい会社」を目指しているためです。

コラム　採用したデキル人材の後輩にもデキル人材がいる

レガシードに２０１６年に入社した2人の人材は、その1年前に入社した先輩と学生団体が一緒だったことから、レガシードを知ることになりました。

また、レガシードで長くアルバイトしている学生のつながりで、そのまま入社を決めた人材もいます。

デキル人材の周りにはデキル人材がつながっています。だからこそ、新しくマーケットを作ることも大事ですが、自社にいるデキル人材の友人や後輩をたどっていくことも重要です。そのことで採用ターゲットに出会う確率が上がるからです。

近年では「リファラル（referral）採用」という採用手法が注目され、積極的に取り入れている企業が増えてきています。

この手法は、社員を通して知人・友人を紹介してもらい、人材を採用する方法です。自分の大切な人や先輩から紹介される企業というのは、その時点でプラスの印象を与えます。そして、先輩が働いているからという安心感も醸成できます。

そのためにも、社員が誇れる会社を経営者は創っていく必要があります。

第2章

「ニワトリ」が先か「タマゴ」が先か!?

人を採用しようとしたとき、経営者の頭に真っ先によぎるのはコストがかかるということではないでしょうか。

確かに人材採用活動自体もコストがかかりますし、雇用すれば人件費がかかります。また、教育もしなければなりませんし、入社してしばらくの間は、その人材は利益を生まないかもしれません。

そのため、多くの経営者が、新卒採用に踏み切るのは会社がもっと大きくなってからにしよう、売上が現在の○%増を達成してからにしよう、あるいは組織に新人を教育する仕組みが整ってからにしよう、などと二の足を踏んでしまいます。

つまり、新卒採用は経営者にとっては後回しの案件になってしまいます。しかも、永遠に後回しになる可能性が高いといえます。

というのも、売上を伸ばして会社の規模を大きくするためにこそ、新卒採用を行う必要があるからです。ですから、これを後回しにしていては、いつまでも会社は大きくなりません。

よく私たちは、「ニワトリが先か、タマゴが先か」といった喩《たと》えを言いますが、「会社の成長が先か、人材採用が先か」と問われたら、私は即座に「人材が先です」と答えます。

優秀な人材の採用なくしては、企業の成長はおぼつかなくなります。

「顧客満足」vs.「人材採用」

人材採用は将来の成長への種まき

ここで改めて、人材採用という活動は、企業経営の中でどのような位置にあるのか確認しておきましょう。質問です。

「御社の経営の目的は何ですか？」

この問いには様々な答えが返ってきますが、それらのほとんどが表現の違いであり、つまるところ「ゴーイングコンサーン」であり、永続的に発展する組織体をつくることが目的だということになります。

ここで改めて人材採用活動の位置づけを考えてみましょう。

もし、自分が経営する会社が自分の代だけで終わってもいい、あるいはある程度の規模になったら売ってしまうということであれば、その経営者は人材採用活動や人事制度を重視することはないかもしれません。

しかし、自分の代だけでなく次の代にも、さらに次の代にも引き継がれ、永続的に社会から必要とされる組織体であってほしいと考えるならば、人材採用活動や人事制度の役割は重要になります。

ピーター・F・ドラッカーは、ゴーイングコンサーンを作るためには顧客の「創造」と「保持」が最も重要なテーマであると述べています。つまり、いかにして新しい顧客を創造し、その顧客にリピーターになっていただくかということが企業の永続に必要であるかを語ったのです。

顧客を創造して保持するためには、「顧客満足度」を高めて増やすことです。次ページの図で示すように、顧客満足を高めるためには、よりよい商品の開発や技術の向上、あるいはサービスの質を高める必要があります。

次に顧客満足を増やすためには、営業力・販売力・マーケティング力を高めることです。

このように商品の開発や技術の向上、サービスの質を高めるために、そして営業力・販売力・マーケティング力を高めるためには、それらを可能にする人材が必要です。つまり、いかに優秀な人材を採用して育て、長く働ける環境をつくれるかということが肝になります。

優秀な人材が商品の開発や技術の向上、サービスの質を高めて、さらに営業力・販売力・マーケティング力を高めれば、顧客満足が高まります。その結果、収益が増え、社員に支払う報酬を増やして働く環境の整備を進めることができるようになります。

報酬と働く環境がよくなれば、社員は物質的な満足と顧客から評価されたことによるやりがいを感じることができ、各人がモチベーションを高めることで組織全体のモチベーションも高まっていきます。そして組織が活性化してきます。

このように組織が活性化してくると、その影響は会社のいたるところに表れるようになるため、そのような企業・組織で活躍したいという優秀な人材が集まりやすくなります。するとそういう人材を採用することで、好循環が回転し始め、永続的に成長する組織を実現できます。

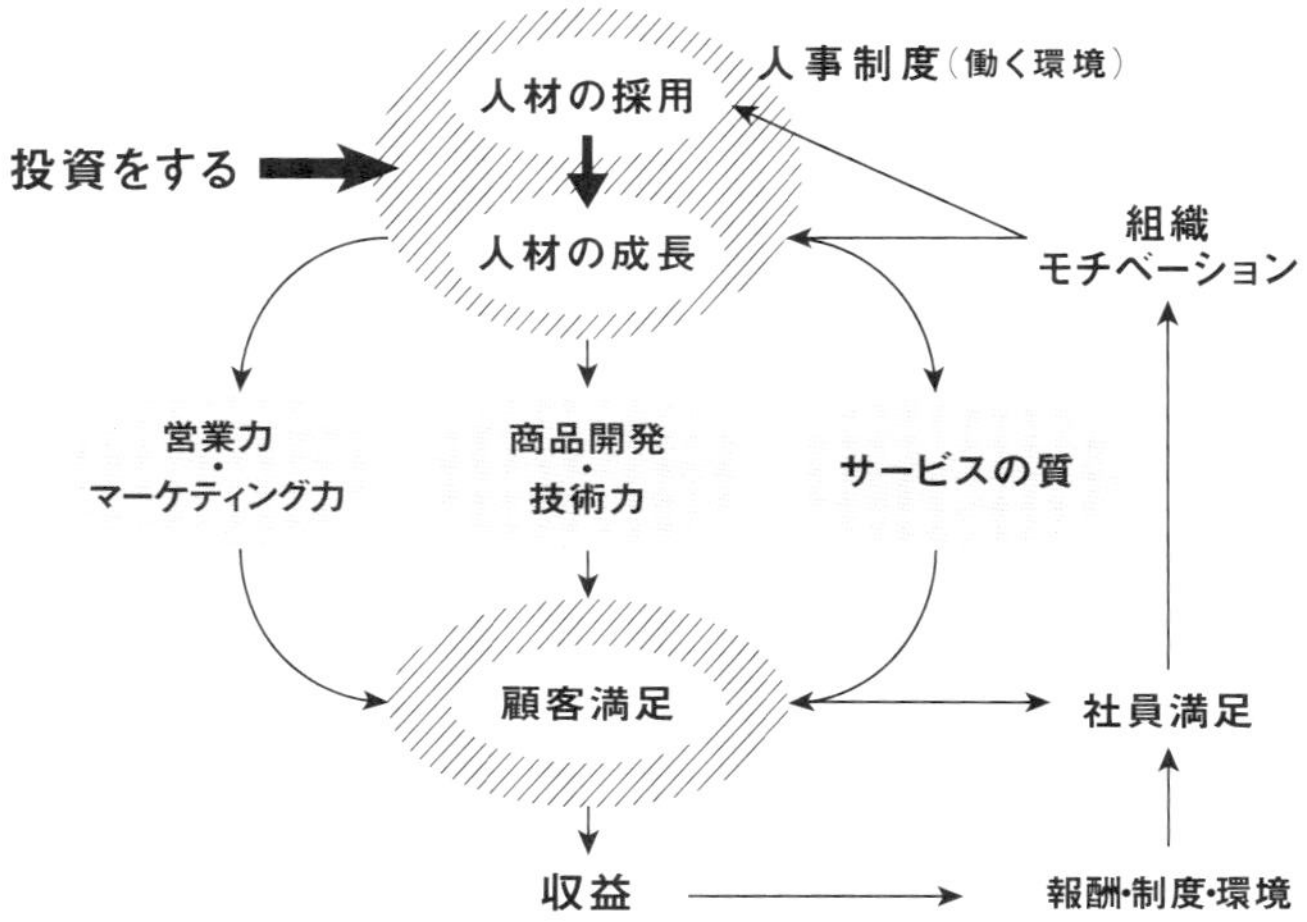

このように、永続的な成長は、「人材」の採用に始まっているのです。昔から「企業は人なり」と言うのは、まさにこのことを示しているといえます。

逆に注意しなければならないのは、人材への投資を惜しんだり、人材採用で失敗したりすると、そこから悪循環が始まってしまうことです。

経営者は採用にお金だけではなく、時間も投資する

この図を50年以上続いている企業の社長にご覧いただき、「このループの中で何が最も大切ですか？」と尋ねると、みなさん口を揃えて「人材の採用だね」とおっしゃいます。

この考え方が、長く続いている企業の経営者

のみなさんに共通した価値観だと言えます。すなわち、人材の採用に「投資」することが好循環のループの起点だと考えられているのです。そして注意したいのは、人材への投資とは、単にお金をかけるだけでなく、経営者や社員の時間や労力を割くことも意味しています。

一方、打ち上げ花火のように瞬間的に華々しく売上を伸ばしても長くは続かない会社の共通点は、目先の売上や利益をあげるために、一次的に顧客を満足させるか満足した気にさせる商品やサービスを打ち出すことばかりに気を取られていることだといえます。

このような企業は、人材の採用は「投資」とは考えずに「経費」と考えているのでしょう。今の利益は一次的だと考え、それを人材採用への「投資」や、既存の社員への分配に回すことを躊躇《ちゅうちょ》します。このような企業は長続きしません。

ですから、中長期的な視点で、優秀な人材を採用し育てることに「投資」するという考え方を経営者が持つだけでなく、社員にも浸透させなければなりません。

そもそも、経営者が常日頃から人材の採用と育成を「投資」と考えて実践する中で採用された社員や育成された社員であれば、自然とそのことの大切さを理解できるはずです。

特に、人事部がある場合は、人事部のメンバーだけでなく、人事部以外の社員も人材の採用と育成が企業にとっていかに重要であるかを理解していることが大切です。このことを理解していれば、生産や売上に直接貢献していない人事部を他部門の社員が軽んじるようなことはなくなりますし、人事部のメンバーも誇りを持って職務を遂行できます。
したがって、人事部が肩身を狭くしているような企業では先は長くないといえます。

「社員教育」vs.「人材採用」

採用した後だけでなく、採用する前も大切

人材を採用する際に、「とにかく頭数さえ揃えれば、後は教育でなんとかなる」と思っていませんか？

実は育ちにくい人材を採用してしまうと、思いのほか、育成に手間と時間がかかり、挙げ句の果てには問題行動を起こされ、その対処に時間と人的資源を浪費してしまうことになりかねません。

確かに、人というのは成長する生き物ではありますが、やはりそこには「育ちやすい」人材

と「育てやすい」人材、そして「育ちにくい」人材と「育てにくい」人材がいます。

中小企業は大企業のように、新人の教育に半年も1年もかけることができないのが現実です。したがって、入社してすぐに現場に配属し、ＯＪＴ（オン・ザ・ジョブ・トレーニング）で育てている企業がほとんどです。

そのため、とりあえず採用してから育てるという考え方はとてもリスキーです。いったん採用した社員を気軽に辞めさせることはできません。特に中小企業における新卒採用では、採用してから育てること以上に、自社の環境でも育つ人材かどうかをじっくりと評価する必要があります。

それでは採用すべき人材とは、どのような人材でしょうか。

私は採用すべき人材を「自動巻人財」と呼んでいます。自動巻人財とは、時計の自動巻のように、仕事をしながらも自ら求め、吸収し、考え、価値を創造する人材だといえます。これらの特性の中で最も重要なのは、「自ら求める」という特性です。

そうはいっても、最近の学生はあまり高い望みを持っていないだろう、と思っていませんか？　確かに学生は最初、あまり高みを目指してはいません。これは自分の能力が分からないことや、そもそもそのような高みを目指せるということを知らないためです。おそらく今、会社でバリバリ仕事をしている人たちも、はじめは自分がどこまで高みを目指せるか分かっていなかったのではないでしょうか。それが、より困難な仕事やクライアントからの要望を乗り越えていくことで、自分のステージを上げていったのではないでしょうか。ですから、企業の側から学生たちに、もっと上を目指せることを示してあげる必要があります。

ウチの会社に入れば、こんな未来を目指せるよ、こんな魅力的な生き方もあるんだよ、ということを採用活動の中で啓蒙していきます。そのような啓蒙活動を行えるという点では、自動巻人財を採用しやすいのは大企業よりも中小企業のほうだといえます。

なぜなら、自動巻人財となる人は、会社の歯車になるのはつまらないと感じる傾向があるためです。その点、中小企業であれば、既に完成した組織の歯車を求めているのではなく、これから5年後、10年後にこんな会社を創りたいので、一緒に目指してみないか！ といった呼びかけができます。

自動巻人財はそのようなアプローチに魅力を感じます。そのため、自動巻人財を集めやすく採用しやすいのは、大企業より中小企業だといえるのです。

入社前に育て上げ、即戦力化する

新卒で入社してくる人材には社会経験がありません。そのためにどうしても初期教育が必要になります。初期教育とは、働くことへの姿勢や考え方、社会人としてのマナーやルール、成果を出すことへの意欲や責任感を教えることです。

ここで中小企業の経営者は、「そんな時間をかける余裕はないから中途採用がいい」と思いがちです。ところが経営者が忘れがちなのは、新卒には、出会ってから入社するまでに1年近い期間があることです。この期間を有意義に活用することで、入社する頃には即戦力とすることが十分可能なのです。

特に主体性を持った学生を見つけることができれば、彼・彼女らは課題を与えておくだけで自ら課題を解決する知識や技術、力量を備えてくれます。そう、「自動巻人財」なら、動かすことで自ら動くためのエネルギーを蓄えていけるのです。

優れた料理人は素材をよく吟味します。素材が悪ければ、素材のまずさをごまかすために余計な味つけや調理をしなければなりませんが、素材がよければ素材のおいしさを引き立てる調理をすればいいからです。新鮮で良質な素材なら塩を振るだけ、焼くだけ、あぶるだけでも十分に美味しい料理になります。

経営者も同様に、優秀な人材をよくよく吟味し、入社までに自ら成長するように仕向けることが大切です。

「会社作り」vs.「人材採用」

いい会社にしてから採用しようとすると、一生いい会社になれない

私がまだ人材教育会社の社員だった頃、新卒採用を始めたいと社長に申し出ました。すると社長からは次のような疑問が出されました。

「わが社のような社員20名の企業に、大手企業をしのぐような優秀な人材が入るだろうか？」

そこで私は社長に問いかけました。

「それでは、わが社が優秀な人材を採用できるような大企業になるのは何十年先ですか？」

その場は少し険悪なムードになりました。

しかし、ニワトリが先かタマゴが先かといった議論を持ち出す経営者は、いつまでたっても優秀な人材を採用できません。そのため、企業も成長できません。私に言わせれば、優秀な人材の採用が企業の成長の起点だと明確な答えが出ています。

しかし、先の社長の言葉は、多くの経営者が持っている考えです。ですから、私がコンサルティングをさせていただく場合は、まず、「良い会社だから良い人材が来るのではなく、良い人材が来るから良い会社になるのです」ということを先にお伝えします。

今はどんなに大きな会社でも、始まりは小さな町工場であったり、マンションの一室やガレージであったりする例は枚挙にいとまがありません。しかしそこに、志の高い人材が集まることで、会社は大きくなっていきます。

そのような成長のチャンスを共有できる企業のほうが、志の高い人材にとっては魅力のある舞台だといえます。そのことをアピールすることができれば、中小企業でも優秀な人材を集めることができます。

社員が辞めてしまうことを恐れない

会社の環境を整備してから人材採用活動を始めようと考えているかぎり、人材採用で成功をつかむことは難しいでしょう。経営者が、人材採用に対する切迫した重要性を感じないからです。

会社の環境が未整備でも、まずは新卒採用を始めることが先です。できれば環境整備と同時進行で進めるべきです。それも、新卒採用でとりあえず人員を確保したというのではなく、既存の社員から見ても代わりの人材が得がたいと思えるほどの人材を入れることが肝心です。

そのような人材を採用すれば、新入社員に辞められないように、社長をはじめ社内の人たちが急いで教育環境や働く環境の整備を始めたり、業務マニュアルを作成し始めたりして、若い人材が活躍できる職場であろうとするようになります。

つまり、先に人材を採用してしまうことで、否が応でも環境を整えざるをえない動機づけとするのです。

このとき、「そんな無理して優秀な人材を入れても、この会社では辞められてしまうよ」という不安の声もあがるでしょう。実際に、すぐに辞められてしまうこともあります。しかし、それを恐れて新卒採用の実施をためらっていては、いつまで経っても環境の整備などは始まりませんし、その結果として企業の成長も始まりません。

このような不安を口にする人たちは、何から何まで自分たちがやらなければならないと考える傾向があります。

そうではありません。採用した新人と共に、環境を創り上げていくと考えるべきなのです。このことで、新人にもすぐに「まだ入ったばかりの自分が、既にこの会社を変える原動力になっている」という自身の存在価値を実感できる体験をさせることができます。

毎年大量に新卒を受け入れているような大企業でもない限り、最初から新卒を受け入れる態勢が整っている企業はありません。新卒採用を始めることで企業がイノベーションされ続けるきっかけをつかむことができるのです。

そして、新卒採用を始めることの重要性を社内に啓蒙することも経営者の役割です。

「中途採用」vs.「新卒採用」

キャリアがあるのは中途人材のメリットとは限らない

自慢ではありませんが、レガシードでは創業以来、ことごとく中途採用で失敗しています。中途採用した人材との出会い方は、縁故・知人の紹介、紹介会社など様々ですが、いずれもマッチングの期間を十分にとらなかったことから、採用後まもなく離職されてしまいました。

中途採用する人材には既に社会経験があり即戦力となりやすく、専門性もあり、新しい風(文化)を持ち込んでくる可能性があります。しかし、一方では自分の体験や実績に基づいた頑なな仕事観やワークスタイルが体に染み込んでいるため、自社と相性がいいかどうか慎重に判断しなければなりません。

あのグーグルでも、最低4人の面接官が数カ月かけて採用の可否を判断すると言われています。そのくらい一度の面接だけで採用を決定することは危険です。

したがって、中途採用する場合でも、一定期間はインターンシップで就業体験をしてもらうことをお勧めします。それが難しい場合は、最低でも3日は会社に来て、業務の遂行レベルや社風、既存社員との相性をお互いに確認し合う必要があります。

諦めるのはもったいない、新卒のこれだけのメリット

日本には約400万社の会社がありますが、社員を採用している会社はそのうちの約250万社です。残りの約150万社は個人事業主か家族で経営しているお店です。

そして、社員を採用している約250万社のうち、新卒採用を行っているのはわずか10万社と0・04%しかありません。つまり、99・96%のほとんどの会社が新卒採用をしていないのです。

この理由は、経営者が次のようなデメリットを感じているためです。

まず一つめに、新卒は社会経験がなく即戦力になりにくいというものです。これは既に述べた通り、会社説明から内定を出すまでの選考フローや、内定を出してから入社するまでの期間

に戦力化する育成を施せば解決する問題です。また、アルバイトやインターンシップで学生時代から働く練習をしておけば大丈夫です。

二つめは、採用活動に労力がかかりマンパワーを割かなければならないという問題です。しかし、これは採用活動にどれだけの価値を見出せるかという問題で、結論としてはマンパワーを割くだけの価値ある活動だということになります。

長く続いている企業はいずれも、10年後、20年後の会社の競争力を高めるために人材採用に力を入れています。たとえばプロ野球の世界でも、各球団ではスカウト担当者が優秀な人材の発掘に力を注いでいます。強いチームを維持するために必要なことだからです。

企業もこれからの時代を戦い抜くためには人材確保のために時間や労力を注ぐことは必要不可欠です。このことは、まさに経営者が自社の長期的な成長を考えたとき、人材採用活動をどこに位置づけているのかで、意思決定が変わってきます。

今後も成長し続ける企業を目指すのであれば、社内の総力を結集して、より優秀な人材を確保することに注力すべきです。

三つめは、すぐに入社してもらえないという問題です。

中途採用の場合はすぐにでも入社してもらえますが、新卒採用の場合は内定してから入社までにタイムラグがあります。そのため、新卒採用をする場合は早くから準備しておかなければ、急に「欲しい」と思っても採用できません。

たとえば2020年の4月に入社してほしい新卒の人材を採用するのであれば、2018年の2月くらいから準備をして活動を開始する必要があります。つまり、計画から約2年後に実を結ぶ活動なのです。遅くとも、入社してほしい1年半前からの準備は必要です。

そして4つめは、採用に見合う人材に出会えなければ人材の質が担保されないという問題です。

この問題の詳しい解決方法は後ほど触れますが、採用に対する考え方とプロセスを変革することで、自社の求める人材は必ず集められます。

そして新卒採用には、以上にあげたデメリットを大きく上回るメリットがあります。

まず、簡単に箇条書きしてみましょう。

●新卒採用のメリット

- **理念や仕事観を浸透させやすい**
- **生え抜きの人材（金の卵）を採用できる**
- **しっかりと見極める時間をかけられる**
- **計画的な採用を行える**

- **社員の活性化につながる**
- **経営ビジョンが明確になる**
- **社内整備が加速する**
- **離職率は中途採用に比べて低い**
- **マーケットに毎年ブランドを蓄積できる**
- **一斉に育成できる**
- **将来の見込み客作りができる**
- **採用コストが低い**
- **内定期間中に戦力化できる**

以上のメリットの中でも、特に大きなメリットは次です。

まず一つめは、新卒の人材は社会経験がない、まっさらな状態だということです。そのため、自社の理念や仕事観を素直に吸収してくれます。逆にいえば、企業側の接し方しだいで人材の型が作られることになります。そのため、責任を持って育てることを忘れてはいけません。

二つめは、新卒採用であれば、たとえば現在メジャーリーグにいる大谷翔平選手を採用することも可能です。

どういうことかというと、中途採用で優秀な人材を採用するためには、相応の高い報酬と魅力的な仕事環境を用意しなければスカウトできません。しかし、新卒市場においては、中小企業でも大企業と同じ条件で採用することが可能なのです。

三つめは、計画的な採用を行えることです。

中途採用では、いつ何時いい人材が現れるのか、予測が困難です。しかし新卒採用であれば、日本では就活というフレームワークがあるため、就活生が動き出すのも企業が採用する時期も分かっています。ですから、やるべきタイミングでやるべきことを始めていれば、計画通りに採用することができます。

四つめは、社内が変わるということです。

これは新卒で優秀な人材が入社することで、既存の社員たちに、自分たちももっと成長しなければならないという、いい意味での緊張感を与えるためです。また、優秀な新人を辞めさせずに育てるために、教育マニュアルや教育システムの整備が促進されます。

さらに、経営者も優秀な人材を確保するために、改めて将来の経営ビジョンを明確にし、未来志向にならざるをえなくなります。

五つめは、口コミの拡散が期待できることです。

新卒で採用された人たちは、中途採用者と異なり、まだ学生のコミュニティとのつながりが濃い状態にあります。そのため自分の就職活動がうまくいったと感じれば、すぐに「この会社はいいよ」「この会社は注目しておくべきだよ」などと口コミ（ＳＮＳ）を発信します。後輩の学生たちも先輩の就職活動には注目していますから、この口コミは瞬く間に拡散し、年々応募者を増やしていくことがノーコストで実現します。

そして最後に、忘れがちなメリットを紹介しておきます。

特にＢ to Ｃの事業を行っている企業における採用活動には、将来の見込み客作りという面もあるのです。

採用活動時に、好感を持たれるアピールや活動をしていると、たとえ不採用になった学生や入社を辞退した学生でも、その企業の商品やサービス自体には好感を持つきっかけになることが多いのです。

これは実例ですが、家のリフォームをしている企業の選考を受けていた学生が、その企業と接触しているうちにその企業のファンになり、最終的に不採用となったにもかかわらず、自宅のリフォームを検討していた両親にその企業のことを紹介して、契約にいたったということがありました。

このようなことは、Ｂ to ＣだけでなくＢ to Ｂの企業でもありえますので油断してはいけません。

たとえば、その企業を不採用になったか、あるいは自ら辞退した学生が、それでもその企業についてよく理解して好感を持っていたとします。そして同じ業界の別の企業（特に、より規模の大きな上流の事業を行っている企業）に入社した後、数年後に新たな協力先を探さなければならなくなったときに、取引先候補として入社しなかった企業のことを思い出して声を掛けてくれる可能性があるからです。

つまり、採用活動では、採用しなかった人までもファンにすることを心がけておくことが大切です。特に、ネットで口コミが簡単に拡散できる時代に、少なくとも悪い印象を与えてしまうと、企業イメージを致命的にダウンさせてしまうおそれもあります。

レガシードが創業当時に、まだオフィスもない時代から新卒採用を積極的に行ってきたのは、仮に採用できなかったとしても、この活動が様々な波及効果をもたらすであろうということを確信していたためです。

コラム

デキル人材が、なぜまだ若くて小さな会社に入るのか？

近年、レガシードに入社した人材の出身校を見ると、大阪大学、名古屋大学、神戸大学、埼玉大学、山口大学、早稲田大学、青山学院大学、関西学院大学など名だたる大学が多いことに気づきます。

このような大学の学生であれば、当然、周囲の人たちも大手有名企業への就職を勧めていることでしょう。

それなのに、なぜ彼・彼女らはレガシードに入社したのか尋ねてみました。

彼・彼女らの答えは、中小企業の経営者にとって、勇気をもらえる言葉ですので紹介します。

●なぜまだできあがっていない会社に入るのか？

・自分が目指すものが実現でき、未来の成長に確信の持てる会社であれば、今が未完成であることは気になりません。ファーストキャリアを考えるにあたり、会社ができあがっているかどうかは自分には関係ありません。

・30歳になったときに理想の自分であるためです。大学4年の時点では、自分に何が向いているのか、具体的に何を成したいのか不明確でしたし、同時にまだ「これがしたい！」と自分の願いを主張できるような経験値が足りないと感じていました。経験を積み、30歳になったときに、やりたい仕事（業界、職種）を、望む待遇（役職、結婚、出産による勤務地や時間の変更）で実現できる自分でありたいと思い、まずは圧倒的な経験量と成長環境を与えてくれることが必要だと考えていたためです。

・これから自分が、この会社を創っていく一員として関われるというのが魅力的だと思ったからです。確かに、既に完成された大企業に比べれば安定しているとはいえないでしょうし、精神的にも身体的にも負荷がかかる状況に置かれることは間違いないけど、その分いつか〝今〟の働いている時期を振り返った時、絶対「あの頃もいろいろ大変だったけど、いつも充実していたよな」って思えるだろうと考えました。それくらい一生懸命に自分の頭で考えて仕事ができるほうが、自分の血肉になって、これからの私の武器になっていくと思っています。

・今、何も決まっていない新しい状況だからこそ、ただのルーティンだけをこなしていく仕事ではなくて、新しいことにも挑戦していく裁量が与えられる環境だと思ったからです。いつも全体の仕事の一部分だけをこなしていくのではなくて、自分のした仕事が確かに誰かの役に立っているのが目に見えて明確に実感できるだろうと考えました。

●レガシードへの入社に関する不安はなんで解消されましたか？

・不安要素はスケジュール管理など自分自身の能力の問題であり、レガシードで働くこと自体についての不安は特別ありませんでした。会社側が入社していいというなら、自分の問題はこれから直せばいいと思いました。

・「正解の道があるのではなく、選んだ道を正解に変えていく」という考え方が自分の中にあったこと。

・レガシードのイベントの「就職披露宴」で両親に手紙を読み、両親が後押ししてくれるとわかった瞬間。

・インターン・アルバイトを通して、既にこの会社で仕事はしていたので、特段不安はありませんでした。

・レガシードに入社することに対して不安を持つのも当たり前。ほかの企業でも一緒で、不安はつきもの。じゃあ、不安になっていてもしょうがない! やってみなきゃわからない! と思いました。

・特に不安に思ったことはありません。大企業で働くのだってずっと安泰だなんて絶対にいえないし、働き方改革だと叫ばれて大きな体制変化を強いられている今の社会の状況で、中小だから、ベンチャーだからということは瑣末《さまつ》なことだと思っています。それに生きてさえいれば、身体さえ動けば、割とどうとでもなると思っています。私が本当にどうしてももう立ち上がれないと思った時に支えてくれる人もいるし、そうならないように支えてくれている人もいる。だったら何とでもできるのではないかと思います。

・会社に対する不安というより、一企業に入るという中で、どこまで最初できるのか、周りと同じスピードで走れるのかということが不安だったので、「大丈夫」と思える社員がいたから。

・先輩や同期のメンバーの存在が一番大きいです。長期インターン中に、レガシードにいる人たちの仕事に対する意識や姿勢、また一生懸命さを見て、この人たちとならどんなことだって乗り越えられるし、一緒に成長していきたいと思いました。

・レガシードに関わる人たちへの信頼です。内定前から社長・社員・社員の家族・お客様と直接関わる時間が多くあり、「この人たちがいれば大丈夫」と思いました。会社が続いていくという意味でも、会社を大きくしていくという意味でも、より良い職場環境にしていくという意味でも、全員が会社の未来を考えていると感じます。それに、不安があるのであれば、自分自身が変わるか、会社自体を成長させればよいと思っています。

●大企業や有名企業に入社したほうがいいと考える親世代に、あなたはどのように中小やベンチャーに入る価値があると伝えますか？

・大企業や有名企業を勧める理由は、「安定」だからという理由が大きいと思う。じゃあ、何をもって安定というのか。この時代、いつ、どの会社が潰れるかなんてわからない。じゃあ、会社のフレームで「安定」しているより、個人的人間力や能力を成長させて「安定」しているほうが魅力的じゃないでしょうか。

・そもそも大手だから安定、という考えは今の世の中には当てはまらないと思います。シンギュラリティやインダストリー4・0等の技術発展の影響もありますが、それ以上に、市場は変わり続けます。かつて三種の神器とまで呼ばれたテレビの市場が縮小したり、対面での商売が非対面になったり……。これからの世の中、本当の意味で安定的に生きるには、大手に入るよりも、自分の腕を磨くことではないでしょうか。たとえば、既存のサービスや商品に付加価値をつける創造力や、どこの会社に行っても重宝されるような技術力や専門性を身につけることだと僕は思います。

・知識だけでは世の中を動かせるほどの実践力は身につきません。一番大事なのは、とにかく多くの成長できるチャンスをつかむことだと思います。従業員数の少ない中小企業やベンチャー企業に入社すれば、1人当たりのチャンスは必然的に多くなります。今の安定をとるか、将来の安定をとるかは個人の自由ですが、チャンスの多い中小企業やベンチャー企業に就職することを強く勧めます。

・中には普遍の「価値」もあるのだろうけど、基準は結局、個々人で変わるもの。私は大手や有名企業では感じない価値を、中小やベンチャーに感じています。たとえば距離が近いこと。お客様と自分、同僚と自分。上司と自分。顔が直接見えて、声が直接届く距離は大企業にはない安心感や一体感を生みます。それは仕事をただの仕事にはせずに、血の通った体温の感じるものに変えてくれます。

さらには、自分の頭で考えていいと言われること。言われた指示をこなせるようになった後、それをさらによくする裁量、機会が与えられること。それは全体の中の一部の仕事だけをするよりもずっと労力が必要で時間が必要で、全体を見通す力が必要になるから、自分を成長させることができます。それが結局、会社に何かあった時に私が私自身で立つ根拠になる。私自身の価値に代わってくる。

・会社で自分が何を成し遂げたいのか、なぜ働くのかということをよく考えて会社を選ぶべきだと思っています。大手企業は、教育制度や福利厚生など、働く人にとって安心できる環境が既に用意されていて、中小やベンチャーはそうでない場合が多い、それくらいの違いだと考えています。

私は、人によって用意されている環境よりも、自分で安心できる環境を創り上げたいと思ったし、現場の第一線で働かせてもらうことができるスピード感、会社のネームバリューよりも個人の市場価値が問われること、与えられる仕事に加えて自分で仕事を創りだしていけること、そして会社の損益に関わるため、社員全員が全力で本気で仕事をする姿が大手有名企業よりも中小・ベンチャーのほうがあると思ったので、このような決断をしました。

第3章 会社で活躍している人材を採用チームに抜擢しなさい！

採用に関わる人材のレベルが採用力を決める

それでは、どうすればいい人材を採用することができるのでしょうか。
いい人材を採用するためには、「採用力」が必要です。「採用力」とは、以下のかけ算で表すことができます。

採用力＝企業ブランド×人財戦略（人事制度）×採用活動

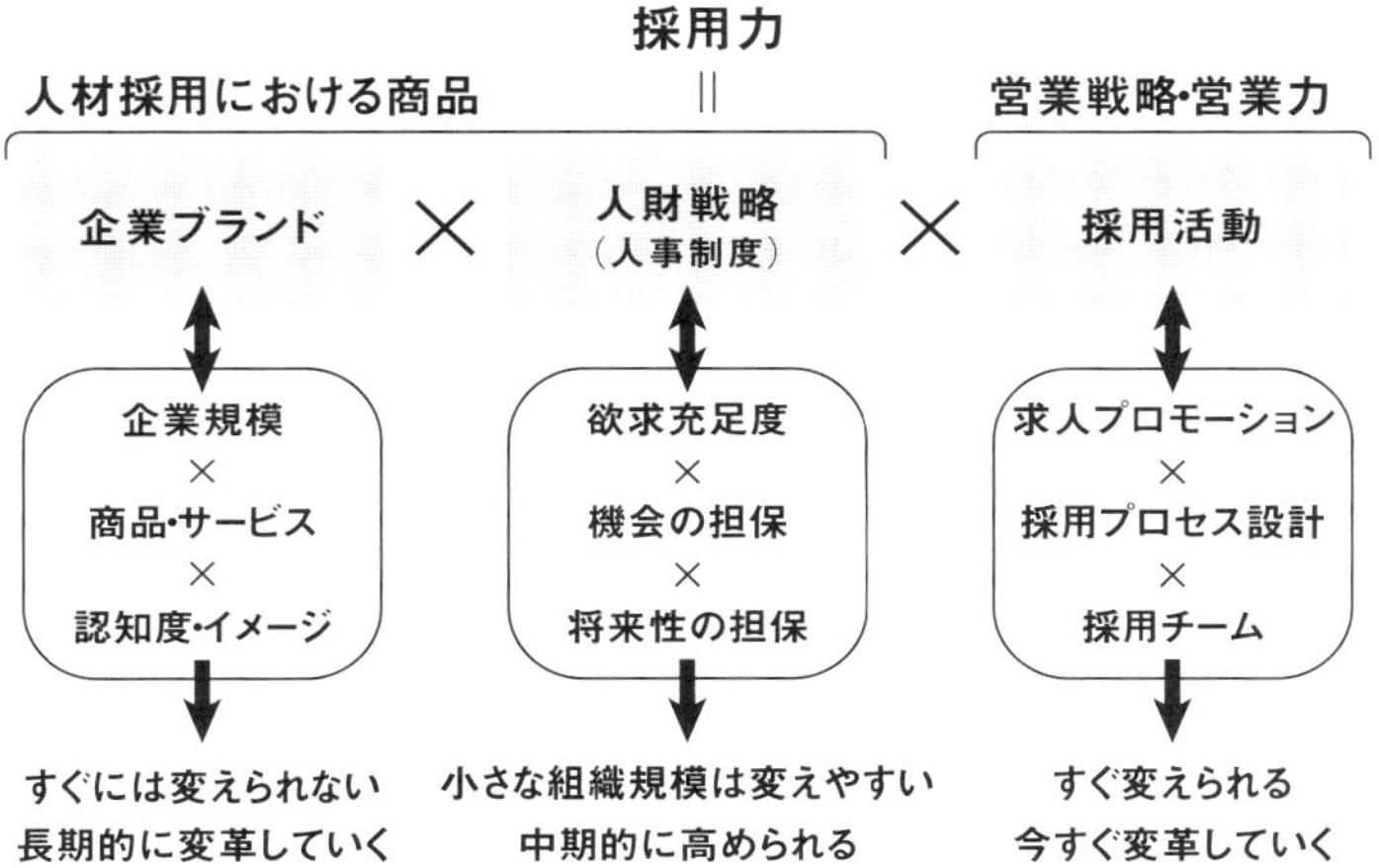

まず「企業ブランド」とは、企業の外観を示します。外からの見え方や印象です。それは資本金や売上といった数字で判断される場合もありますし、本社ビルの外観といった目に見えるもので判断されることもあります。あるいは、その企業の商品やサービスに対する認知度やイメージで判断されることもあるでしょう。

これらの要素で成り立っている企業ブランドは、一朝一夕に作り上げたり変えたりできるものではありません。長期的に取り組む必要があります。

次に「人財戦略（人事制度）」とは、人材が能力を発揮できる環境、つまり働きやすさを示します。働きやすさとは、社員の欲求充足度がどれだけ満たされているか、成長や評価の機会がどれだけあるか、そして将来性がどのように担保されているかということです。

この人財戦略は、中期的に変革していくものです。

そして最後の「採用活動」は、今すぐにでも変革できる採用力の変数だといえます。採用活動とは、リクルーターによる求人プロモーションを、どのように展開していくのかという採用プロセス設計を示し、同時にその設計に基づいて行う活動自体を示します。


ところで人材採用活動は、営業活動に似ています。営業活動とは、自社の商品をいかに販売するかということです。人材採用活動では、その商品が会社そのものとなるわけです。それが前述の採用力をはじき出す三つの変数の内の「企業ブランド」と「人財戦略（人事制度）」を掛け合わせたものです。

これをどうやって売るかという営業戦略にあたるものが、三つめの「採用活動」ですから、「企業ブランド×人財戦略（人事制度）×採用活動」というかけ算が重要になってくるのです。

ただし、前述のように、企業ブランド・人財戦略は中・長期的に取り組むべきものですし、採用活動は短期的に取り組むべきものです。そのため企業ブランドの仕上がりを待ってから人財戦略（人事制度）と採用活動を行うのかというと、そうではありません。

そのように構えてしまうと、いつまでもいい人材を確保することができません。これら三つの変数はかけ算となるので、三つのうち、即効性のある採用活動を高めるだけでも、採用力は高まるのです。

したがって、まずは即効性のある採用活動の変革に取り組み、企業ブランドと人財戦略については同時に中・長期的な視点を持って取り組めばよいということになります。そうして採用力が高まり優秀な人材が集まり始めれば、そのこと自体が企業ブランドの向上を加速させることになります。

では、人材採用担当者がすぐに着手できる採用活動の強化についてお話ししていきましょう。

まず、採用活動の要素を分解してみます。採用活動は以下のかけ算で表すことができます。

採用活動=求人プロモーション×採用プロセス設計×採用チーム

「求人プロモーション」とは、いかに応募者を集めて母集団を形成するかということです。

「採用プロセス設計」とは、会社説明会から内定までの選考フローをどのように組み立てるかという採用計画を示します。

そして「採用チーム」とは、採用に関わるメンバーのことです。

すなわちこのかけ算でいわんとしているところは、採用プロセス設計で綿密な採用計画を練ったうえで、求人プロモーションによって濃い母集団（応募者たち）を形成し、採用に関わるメンバーによって人材にどれだけ強くアプローチできるかということです。

したがって、三つの変数はいずれも大切ですが、とりわけ採用チームへの期待が大きくなります。というのも、学生が入社を決める理由で最も多いのは、自分がやりたい仕事があるかどうかということですが、二番目は一緒に働きたいと思える社員がいる会社どうか、そして三番目に、採用スタッフが魅力的かどうかだからです。

つまり、二番目と三番目の理由は、学生たちが接することのできた企業側の「人」の魅力なのです。それは採用担当者に限りません。現場で働く社員の姿であったり、体験談を語ってくれた先輩社員だったりするかもしれません。

つまり、学生たちがその会社に入社して、自分がどのように働くのかということを最もイメージしやすいのは、やはり直に接した社員の仕事ぶりなのです。このことから、学生たちがいかに生身の「人」の影響を受けているかがわかります。

逆にいうと、どれだけ緻密な採用プロセス設計を立て、求人プロモーションで多くの人材を集めたとしても、採用に関わるメンバーの魅力がなければ、優れた人材を採用する決め手にはならないのです。

新卒人材が会社を決めるポイントは「出会った社員」

採用チームのメンバーの力量や人間的な魅力が、新卒採用の成否を左右すると述べました。やはり学生たちと直に接するスタッフは、採用活動においては会社の顔であるといえます。その意味からも、新卒採用チームには社内で成果をあげて活躍している社員を選抜する必要があります。

ところが現場では、成果を出している社員の時間を採用業務に割かれることを嫌います。たとえば売上をあげている営業担当者には、人材採用よりも営業活動に時間を費やしてほしいというのが幹部の本音でしょう。

しかし繰り返しますが、新卒採用活動は会社の未来を創り出す重要なプロジェクトです。そのことを現場の社員や幹部にも、経営者が自らしっかりと説明し、採用チームの人選に協力してもらえる雰囲気を醸成しなければなりません。もちろん、採用活動の負荷が特定の一人に集中しないように、複数人のメンバーを採用チームの一員として選抜し、チーム内でサポートし合えるような雰囲気を作る必要があります。

とはいえ、採用チームのスタッフは新卒者の配属予定の全ての現場での業務経験があるわけではありませんから、各現場の声を吸い上げて学生に伝えなければなりません。その現場ではどのような仕事をしているのか、どのような社員が働いているのか、職場環境や雰囲気はどうかなど、スタッフが知っておかなければならないことはたくさんあります。

そしてこれらの情報を、採用チームのメンバーは学生たちが納得できるように伝える技能も必要ですし、伝えられる情報には限界があります。

そこである企業では、ホームページ上で社員と仕事内容を紹介し、学生たちがどの仕事でどの社員と一緒に働きたいかということを投票できるページを設置しました。

このページは学生たちに好評でした。というのも、自分が入社したら、どのような仕事をどのような先輩社員たちと共に行うのかイメージしやすいためです。

このように、どうしてもリクルーターだけでは伝えきれない情報を学生たちに伝える工夫を行うことも必要です。また、前年度に入社したばかりの新入社員に採用スタッフの一端を担ってもらうことも効果的です。

就職活動をしている学生たちにとっては、前の年に入社した社員は1年前までは自分たちと同じ立場で就活を行っていたという親近感がありますし、実際に就職してどうだったのか、という生の声には説得力を感じるためです。

そこで、前年度に入社した社員から学生たちに直接語ってもらうのです。1年目の社員たちが語る内容やその姿は、学生たちにとってはそのまま入社後の自分の姿ですから、非常に興味があるはずです。この活動はレガシードでも実践しています。

採用チームの五つの役割

ところで採用活動は一人ではできません。それは五つの役割があるためです。その役割とは、「採用担当者」「リクルーター」「オペレーター」「アセッサー」「クローザー」です。これらは兼任することもありますから、必ずしも5人必要と言うことではありませんが、それぞれに重要な役割があります。

「採用担当者」は、採用プロジェクトにおける責任者であり、採用活動の窓口となります。学生とあらゆる場面でコミュニケーションをとる役割です。この重要な役割には経営陣が最も信頼を寄せている人材を抜擢《ばってき》してください。会社が好きで経営者を尊敬している人材です。そして、他人に肯定的な影響力を与えられる人を置いてください。

「リクルーター」は選考活動において、応募者とコミュニケーションをとり、会社の魅力を伝えたり応募者の疑問や不安を解消したりする役割を持ちます。新卒入社した若手のエースや、中途入社で活躍している若手社員をアサイン（割り当て）できると最適です。年齢でいうと25歳から35歳が理想的です。

「オペレーター」は、履歴書管理やメール対応、備品の発送手配や学生情報の登録など、採用に関する事務的な業務の全般を担当します。採用担当者のアシスタント的な存在ですので、着実に仕事をこなしていくタイプが向いています。

「アセッサー」は、応募者を採用するかどうかの意思決定を行う面接官や選考の試験官の役割です。現場の責任者クラスで、採用後に責任を持って人材を育成する立場にある人を割り当てます。年齢というよりは役職で選んでください。

そして最後の「クローザー」は、複数の就職先を候補にしている応募者に、自社が選ばれるように魅力づけを行う役割です。経営者自身や役員クラスがこの役割を担います。

企業の規模によっては、これらの役割を少人数で兼務し合うこともあります。

このように採用活動はチームプレーで行われますが、応募者にとってはいずれの担当者も魅力的な先輩でなければ入社動機が高まりません。そのため、いずれの担当者も、人としての魅力に磨きをかけておくことを怠ってはなりません。

「四つの確信」のない人材は採用に関わらせてはならない

ところで採用チームに入れるスタッフには、次に述べる「四つの確信」を持っていただかなければなりません。

1. 絶対に自社に入社したほうが良いという確信

採用活動を行う人は新卒者に対して、ほかのどの会社よりも自社に入社するほうが良いと確信を持つことが重要です。会社の規模やブランドは関係ありません。どんな有名企業や大企業よりも、自社に入社することが良いのだという確信です。

それは難しい、と思われましたか?

確かに、難しいです。現実には、目の前に学力だけでなく人間性や専門知識においても優れている学生が現れたら、つい次のように思ってしまうでしょう。

「ああ、この学生はウチにはもったいないなあ」

もしかしたら、思うだけでなく、口にしてしまうかもしれません。でも、これではだめです。とはいえ、実際に規模もブランドも経営状態のうえでも、自社よりも優れた会社はたくさんあります。それにもかかわらず「絶対に自社に入社したほうが良い」という確信を持つことは偽りではないか、と思われるかもしれません。

しかし、そうではないのです。

私がお伝えしたい確信というのは、「現状」ではなく「未来」への確信です。自分はこの優秀な若者と共に、5年後、10年後に理想的な会社を作っていくのだという信念です。ですから、そんなワクワクする目標に参加できる若者はとてもラッキーなのだ、という確信を持てるかどうかが重要です。

この確信を持っているかいないかは、学生たちに簡単に伝わってしまいます。

ですから、採用活動に関わる人は、「絶対に自社に入社したほうが良い」という確信を持つことが大切なのです。

2. この職業・仕事に就いたほうが良いという確信

「ウチの仕事はきついし、大変だからなぁ」

採用活動の担当者がこのようなことを思っていては、絶対に良い採用活動はできません。採用活動担当者は、学生たちに向かって、「こんなに素晴らしい職業や仕事はない」という思いを伝えられなければならないからです。

しかし、「そうはいっても、実際にきついし大変だ」と思っている人は、職業や仕事の表面しか見ていないのではないでしょうか。

たとえば営業職を募集する場合、その仕事が単に物を売る仕事だと表面的な見方をしているのであれば、その見方は改めるべきです。

営業職は単に物を売るのではなく、その商品を売ることで購入者に対しどのような価値を提供し、どのような満足感や幸福感を提供しているのかという社会的な価値や意義まで感じられなければなりません。

つまり、学生たちに伝えるべきことは、職業や仕事の表面的なことではなく、その職業や仕事がもたらす社会的な価値や意義なのです。このことは当然、採用活動という仕事自体にも社会的な意義や価値を見出すことになります。

それは、採用という仕事は、学生たちの人生を変え、会社の未来を変え、やがては社会や世界を変えていくことにもなる仕事であり、自分はそのような偉大な活動に従事しているのだという確信です。

いつまでにとりあえず何人を採用しなくては、という発想で採用活動をしても、優秀な人材を確保することはできません。

3. 自社の商品・サービスを買ったほうが良いという確信を持つ

採用担当者は、学生に対しても自社の製品やサービスが競合他社よりも絶対に良いといえなければなりません。

これはもちろん、競合他社よりも性能が優れているとか品質が良いということであればそのことを誇りに思えばいいですが、それ以上に、その製品やサービスに対するコンセプトやポリシーの違いが重要です。

たとえばミネラルウォーターなどは、どの製品も格段に優れているとかおいしいといったことは消費者には分からないでしょう。そのうえ、硬水が好きだとか軟水に限るなどの好みがあります。

しかし、多くの消費者は、その水のコンセプトに魅力を感じるのです。なぜその産地の水なのか、どれくらい深い地下から汲《く》み上げたのか、そして容器の材質や形状へのこだわりはどこにあるのかなどです。

その意味で、スターバックスはコンセプトで成功しています。

たくさんのカフェがある中で、スターバックスのコーヒーを選んでいる消費者は、もちろん味に対する好みもあるでしょうけれども、サービスに対するポリシーに共感している人も多いのではないでしょうか。

たとえばスターバックスでは、チーズをこんがり焼いた食べ物を出さないといいます。カフェであれば、チーズを焼いた食べ物を出せば売上があがると思われますが、スターバックスはそれ以上にポリシーにこだわっているのです。

そのポリシーとは「チーズを焼いた匂いが店内に充満すると、コーヒー本来の香りを楽しんでいただけないから出さない」「私たちは顧客に居心地のよい空間を提供している」ということなのです。ですから私は、スターバックスがチーズを焼いた食べ物を出すようになったら店に行かなくなるでしょう。それはポリシーをなくしたということだからです。

会社のポリシーを貫くことは、顧客の信頼を獲得するためにも重要ですが、人材採用においても、企業の魅力として重要になってきます。

4. 他の誰よりも、自分と一緒に働いたほうが良いという確信を持つ

最後は、自分と仲間に誇りを持つことが大切です。

私は自分の人間力や影響力では説得することが難しいと感じたお客様を説得しなければならないときは、素直により影響力の強い方の力を借りることにしています。

たとえば、同じ業界でレガシードのサービスを活用していただいている企業の社長や担当の方から、レガシードのサービスを使って実際にどのような変化が起きたのかを語っていただく、などです。

採用担当者も、優秀な人材に対する説得力を持つためには、自分の魅力や伝達力、仕事に対する情熱など、つまりは人間力といったものを高めておく必要があります。たとえば何人かで

昼食を食べにいくとき、中華にするのか和食にするのか、イタリアンかなどと、ばらばらの意見が出れば、最も影響力のある人の意見が通ることが多いでしょう。

採用でも同じことがいえます。

複数の会社から内定をもらい、入社する会社を選ぼうとしている学生に対して、どの会社の採用担当者も「ウチで働いたほうが良いよ」と言うはずです。そのときに影響力が強い人でなければ、迷っている学生の気持ちを動かすことはできません。

つまり、採用担当者は、自分の人間力と影響力を磨いておく必要があるのです。

しかし、経験が少ない人が担当になる場合は、自分以外の影響力を持った先輩社員や社長の力をうまく活用することも大切です。自分と一緒に働く仲間や先輩社員の魅力を伝えることも若手担当者の役割の一つです。

このことから私は、クライアントの経営者の方々には、会社で幹部にしたい人がいたら1年でも人材採用の担当者として経験をさせるといいですよと、アドバイスします。人材採用の担当を経験させると、会社への理解度も深まりますし帰属意識も強まりますが、何より人間力を高めなければならないと気づくためです。

以上、四つの確信について説明してきましたが、採用担当者には、テクニカルなスキル以上に、これらの確信を持つことのほうが大切だといえます。

採用担当者は経営者の代弁者であり、後継者にもなりうる

採用担当者には、前述のような四つの確信を持っていることが求められます。そのうえで使命感を持って自分の人間的な魅力に磨きをかける努力をすることが必要になります。そして、次のような様々な能力も求められます。

まず、綿密な採用プロセス設計を立てて、選考フローを設計する能力です。

次に、ＰＤＣＡ、すなわちPlan（計画）、Do（実行）、Check（点検）、Action（改善）のサイクルを回していける業務推進能力も必要となります。

次に、学生たちに自社のことや仕事内容、商品やサービスの魅力を伝えるマーケティング力が必要です。

そして、学生たちを魅了する力が必要です。私はこれを「惹きつけ力」と呼んでいますが、どれだけ良い会社でも担当者にこの「惹きつけ力」がなければ学生たちを入社したい気持ちにすることはできません。

最後に、リーダーシップも必要です。採用プロジェクトは会社の全部門の責任者、また現場のエースクラスの人材を集めて推進するプロジェクトです。そのため、各部門の意見の調整や、年代を超えた意見のギャップを調和させながらプロジェクトを進めることが求められます。

その結果、採用活動を通して、会社の中のキーマンの思いや意見を汲み取りながらプロジェクトを進めることを体験した採用活動チームのメンバーたちは、本業においてもリーダーとしての立場を築いていくことができるようになります。

以上のように、採用担当者に求められる能力は多岐にわたります。そのため幹部や経営者に育てたい人材があれば、積極的に採用担当者の経験を積ませることを勧めます。

この本を読まれている社長が、次の後継者として考えている人がいる場合は、採用プロジェクトチームに入れるのはもちろんのことですが、どこかのタイミングで一度、採用担当者をやらせてみてください。

さらに、世代交代を3年以内に考えている会社は、新卒採用プロジェクトのリーダーを次期後継者に担わせてください。現社長が採用した人材で今の組織は成り立っています。その組織のキーマンと次期社長が力を合わせて、新しい組織を創るうえでの新卒社員を採用することに大きな価値があります。

コラム

採用担当者の「使命感」とは?

採用に関わる人が持つべき使命感とはどのようなものでしょうか。

ここに、私自身が採用担当者のときに、自分が持つべき使命感について綴《つづ》った文章がありますので紹介させていただきます。

私は、この文章を毎朝仕事が始まる前に読んで採用活動を行っていました。何のために採用を行い、どのようなポリシーで採用活動に臨むかということが、出会う人材に一番影響を与えるものです。

＊　＊　＊

候補者にとって就職活動とは、人間の人生を決定する大きな意思決定の場です。企業にとって採用活動とは、企業の人生（社生）を決定する大きな意思決定の場です。人材採用活動において、100％尽くした結果、思い通りにいかなかったならしようがない。しかし、振り返ったときに、「まだできた」と思えたときには大きな後悔が残ります。私の発言が、私の姿勢が、私の関わりが、私のこだわりが、候補者と自社の両者の未来を大きく変えます。

もしも、私たちの会社で活躍できると確信の持てる人材と出会ったならば、私たちが働くこの会社に入社していただくことを疑ってはいけません。なぜならば、共に働くからこそ、彼・彼女らに幸せな人生を提供することを約束できるのです。私たちと働くから、幸せを共に創造できるのです。だからこそ、約束でき、責任がとれるのです。

目の前の候補者の未来の幸せに対して、真剣にこだわらなければなりません。会社のためだけではなく、目の前の候補者の未来のために関わらなければなりません。そのためにも、私自身がこの会社で働く意味を知り、この会社に誇りを持たなければなりません。そして私がこの会社で夢を持ち、活躍しなければなりません。そうでないと、候補者に心から一緒に働こうなんて言えないはずです。

採用の仕事は、人の未来と、人の集合体である企業の未来を決定する原点や源を創造する仕事です。私たちが手を抜けば、未来は崩れてしまうかもしれません。私たちの一挙手一投足が未来を創造するのです。だからこそ、自分を磨き、「私と一緒に未来を創ろう!」と言えるだけの自信を持ち続けられる仕事を毎日していくことが大事なのです。

第4章 広告だけに頼らない「人が集まる」マーケティング戦略

求人広告を間違って選んでいませんか？

採用活動を始めるに当たり、広告をどこに出すべきか検討する必要があります。しかし多くの採用担当者が、営業担当者の印象が良いということで媒体を選んでしまうことがあります。営業担当者の対応力や人柄と、媒体の効果には関係がないので注意が必要です。広告の営業マンは、広告を出してしまうと、あとは何もしてくれません。極端にいえば、人材が集まろうと集まるまいと関係ありません。

重要なことは媒体の費用対効果です。

初めて利用する場合は、同じ地域・業種・規模の会社、数社の実績（前年のエントリー数）を確認し、自社が掲載した際に、どれくらいのエントリー数を確保できる可能性があるか、数字で理解したうえで、利用するかどうかの意思決定をしましょう。

そして、最初に提示される金額は割引が可能な金額であるとして交渉しましょう。初めて利用する場合は効果がわからないので、試しに使いたいので割引してほしいと伝えて交渉します。また、合同説明会などに複数回出展すると割り引いてもらえるケースが多いので確認が必要です。割引が難しくても、オプションを追加してくれる場合もあります。

次に、求人広告の文面を就職サイト側に丸投げするのは危険です。アドバイスを受けることは有益ですが、全部まかせてしまうと画一的な広告文になってしまい、他社との差別化ができなくなる危険があります。

広告文には自社ならではの特徴や個性、カラーといったものを反映させ、他社と差別化できる尖《とが》った訴求ができるようにしましょう。

また、媒体を選ぶときは、自社の求人広告の発見率を、努力することで高められるかどうかを確認します。支払う金額によって、就職サイトで検索したときに上位に表示してくれる媒体もあれば、金額に関係なく工夫をすると上位に表示される媒体もあります。検索されても上位表示されないのであれば、それは掲載していないのと同じです。ましてや、学生が中小企業名で検索することはありえませんから、業種や職種で検索されたときに上位表示されなくては意味がありません。現状では、無料で検索対策ができ、エントリー数を一番確保できるサイトは「リクナビ」です。

さらに、そのサイトに登録されている企業数と学生数のバランスにも注目します。企業数が多い割に学生数が少なければ、登録しても効果が薄いと考えられます。

掲載時期も応募数に影響を与えるので重要です。優秀な学生は早い時期から情報収集を始めるので、企業側もまだ登録企業が少ないうちに登録して学生にアプローチすることが有効です。

ほかにも、サイト運営会社グループの他媒体との連動性（この就職サイトに掲載しないと、○○新聞の「入社したい企業ランキング」には出ないなど）や、学生側から見た利便性・認知性も調べておく必要があります。

媒体の特性も確認しておきましょう。技術系の学生に利用されやすい媒体なのか、デザイン系に人気のある媒体なのかなど、欲しい人材が集まる媒体を選ぶことで効率よく求める人材にアプローチできます。

・求人広告の書き方

ところで、求人広告の書き方には注意すべき点があります。

まず、自社に関連するキーワードで、学生が検索すると思われるキーワードを五つほど定めます。そして原稿にそのキーワードを盛り込んで文章を書きます。就職サイトによってはどの場所にキーワードがあるかによって検索順位が決まりますから、原稿をサイトにアップした後、そのキーワードで検索して表示される順位を確認し、上位表示されるようにキーワードの場所や量を変えながら上位表示を実現させていく必要があります。

求人広告のフォーマットには、たくさん書き込める欄があるにもかかわらず、多くの企業がそれを活用できていません。もちろん、その欄で全てを伝える必要はありません。しかし、まずは会社説明会に来てもらわなければ始まりませんので、その入り口としてサイトに掲載される文章には、思わず学生が会社説明会や選考会に足を運びたくなる内容が書かれていなければなりません。そして、思わず友達にも教えたくなるような話題性が盛り込まれていれば、さらに効果的です。

次に、画像は文面にふさわしい写真を掲載するのは当然ですが、写真の質（鮮明さ、解像度など）にも注意してください。写真の質が悪いと、会社の雰囲気まで悪い印象を与えてしまいます。たとえば同業他社と比較されたときに、写真が見劣りするとかなり損をします。ですから、社内の人たちがイキイキと働いている雰囲気を感じさせる、印象に残るような写真を使いましょう。また、写真は検索して表示される画面にも出るので、学生の興味を惹く内容や構図になっているものを厳選します。

事業内容欄は、一般的なことや事務的な内容ばかり書くのは避けましょう。他社との差別化ができる内容や、入社すればどのような活躍ができるのかといったことが具体的に分かるように書きます。

また、会社のビジョンや社会に対する使命感、そして社員の熱意が伝わるような内容を盛り込みます。文字量が多くなると収まりきらなくなるので、その場合は改行を減らして句読点で読みやすさを工夫します。

そして学生には、ＤＭ（ダイレクトメール）を配信します。その際、必ず開封してもらえるキーワードを含んだサブジェクト（タイトル）にすることです。学生たちは、毎日、企業からの案内メールを何百通も受信していますから、思わず開封したくなるキーワードがタイトルに含まれていないと、開封されずにスルーされる可能性があります。

たとえば、次のようなポイントを考えてＤＭのタイトルを作成します。

1．特別感：「特別オファー／〜なあなたに／〜大学のOB・OGが集まる」
2．お得感：「〜が手に入る！　学べる」見ないと損、行かないと損だと思う。社長の話が直接聞けるなど
3．限定感：「○名限定！／1回限り」「最終回」
4．意外感：「社員の夢が叶えられる企業」「説明しない説明会」……え、なに？　と気になる、面白そうだと思う件名
5．信頼感：「自己資本比率100％」「○○ランキングで1位」実績や伝統などを数字で表現する

文章は堅苦しくなく、学生がなるべく親近感を持てるような表現で書いてください。

就職サイトはそれぞれに特徴があるので、その特徴を踏まえたうえで、より効果が出るように使いこなすことが大切です。意外と便利な機能を使っていない採用担当者もまだ多いようです。

ターゲットの人材を呼び込む「ピンポイントマーケティング」

広い海に向かって適当に釣竿を投げてはいけない

それでは、あなたの会社が求める人材を集めるにはどうすればいいのでしょうか。

究極的に効率が良いのは、採用予定数だけ欲しい人材を集めて、その全員を採用することです。しかし現実には、このようなことはまず起こりえないので、実際にはより多くの母集団形成を行い、その中から求める人材を採用することになります。

この母集団形成のために、企業は多くの時間とコストを注ぐことになります。それは、就職サイトへの掲載や合同説明会への出展、学内セミナーへの参加などです。

当然ながら、これらの活動をやればやるほど人的労力やコストがかかります。そして大きな母集団形成が実現できたとしたら、今度はエントリーシートによる足切りとか、面接による絞り込みといった業務が発生します。

そして企業の多くが、これらの母集団形成や絞り込みで人材採用活動の8割ほどの労力やコストを費やしてしまい、最も重要な選考にかける余力が残っていないという状況に陥りやすいのです。

また、企業の規模が大きくなるほど大きな母集団を形成しますので、学生一人ひとりに関わる時間が短くなり、その結果、内定辞退者が多く発生してしまいます。

一方、内定辞退のない私たちの人材採用活動では、後半にこそ労力やコストをかけます。人材の絞り込みにかける労力やコストは全体の4割くらいに抑え、絞り込まれた人材に対する選考に労力やコスト、そして時間を投入するようにしています。

内定辞退のない、満足できる採用活動をするために重要になるのが、マーケティング手法です。マーケティングは、本来、商品やサービスを効率的に売れるように顧客のニーズを的確につかんで、それに沿った戦略を組み立てていくものですが、この考え方を人材採用に採り入れるわけです。

まず、重要となるマーケティング手法は、ピンポイントマーケティングとマスマーケティングの二つです。

前者は、欲しい人材にピンポイントで直接アプローチする方法です。たとえば理系のエンジニアが欲しいのであれば、理系学生が登録している就職サイトやイベントに集中してアプローチします。あるいは理系学生が集まりやすいイベントを企画したり、主催したりすることも有効です。

最近では、学生を直接スカウトできる求人サイトも多くあります。スカウトサイトも、自社が欲しい学生を選別して直接出会いを創るアプローチとして効果があります。

もう一つが、より多くの学生にアプローチするマスマーケティングです。特に、B to C事業を行っている企業にとっては、このアプローチが将来の顧客やファンを作る機会創出にもつながります。たくさんの学生に応募してもらえれば、たとえ採用にいたらなくても、応募者を企業のファンにすることができるからです。

ただ、たくさんの応募者を集めることが重要にはなってきますが、前述のように、それは同時に絞り込みの負荷が大きくなることを示しています。そこで私たちは、このような場合にはグループワークを使った投票制度や、推薦制度の活用をお勧めしています（詳しくは後述）。

採用人数が少ない会社は、マスマーケティングよりもピンポイントマーケティングを考えてください。たくさん人を集めることよりも、欲しい人材に会える確率を高めることのほうが重要なためです。釣りでたとえるならば、まずはどの生け簀《す》を狙うかを決めることから考えると

■ 濾過《ろか》思考の発想で、求める人材への投資時間を増やす

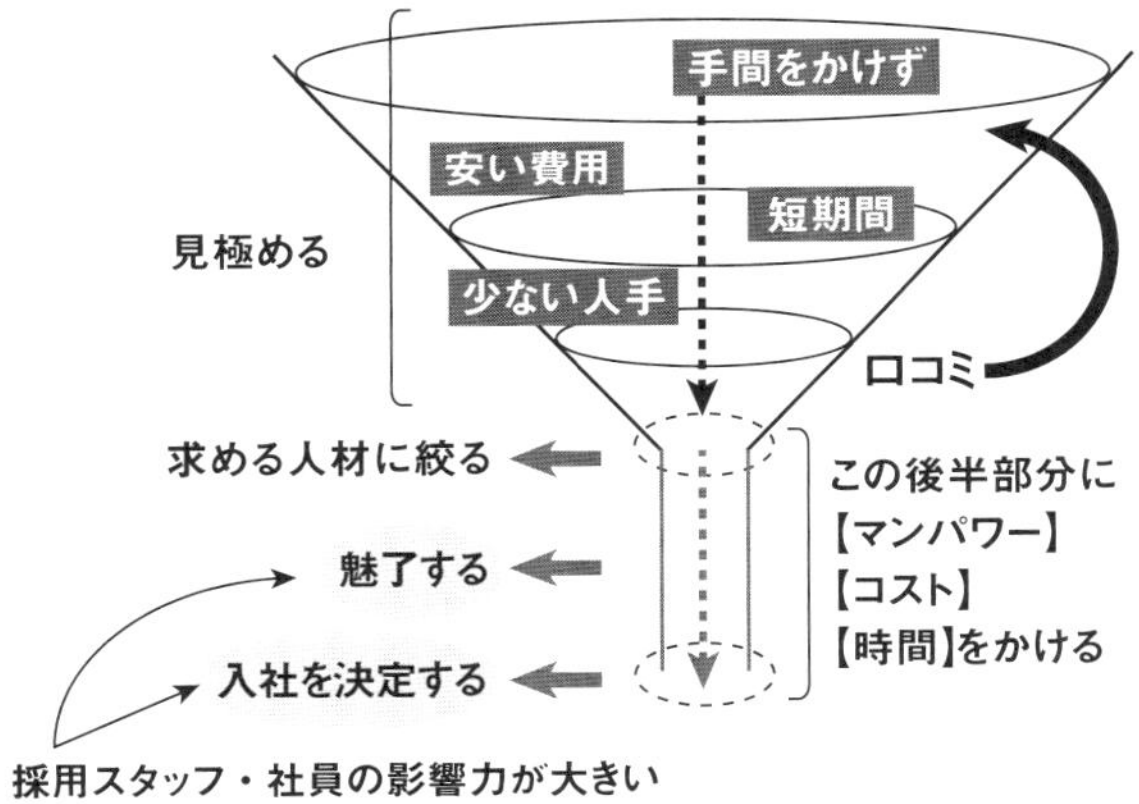

いうことです。

ピンポイントマーケティングを行うには、採用したい人材が自然に集まる場に行くか、そのような場を作ることが必要です。

喩えは悪いかもしれませんが、広い海に適当に釣り糸を垂らしても、狙った魚がかかるわけではないということです。新しい事業を創造できるような人材や、リーダーシップのある人材が、長時間インターネット・サイトの求人情報だけを閲覧し続けていることは考えにくいからです。

それではどのような場に行くのかというと、ターゲット学生が参加しているイベントに参加することです。最近では学生側からの「逆求人」という試みも行われています。これは学生

自身が一人ひとりブースを構えて、企業の採用担当者が興味のある学生のもとに行き、お見合いをする企画です。

また、学生を対象としたビジネス企画のコンテストに顔を出したり、早期インターンを募集したりして、欲しい人材にアプローチする方法もあります。

より専門性の高い専門職の人材を探す場合は、専門学校の学生が集まるイベントに足を運ぶと良いでしょう。たとえば施工管理の人材が欲しい場合は、建築関係の専門学校の学生に限定されたイベントに出向けば、そうした人材を見つけやすくなります。

企業側がイベントを主催する方法もあります。内定した学生やOB・OGに協力してもらい、学生のためのワークショップやイベントを開催するのです。このとき、口コミを広げてもらうことも重要です。

釣り糸を垂らす前に、食いつく餌をまく

ピンポイントマーケティングのもう一つの考え方は、釣り糸を垂らす前に餌をまく、というものです。つまり、採用したい人材が集まってくる仕組みを作ることです。実際の例を紹介し

ましょう。

あるエステ会社の例ですが、エステ会社というのは大手就職サイトでは掲載の審査が通らないことがあります。それは、就活の場で学生を顧客として勧誘する可能性があると考えられるためです。

そこでこのエステ会社は、欲しい人材が集まる場として、無料の「必勝メイクセミナー」や「面接マナーセミナー」を開催しました。これらのセミナーにはエステに興味を持った人材が集まりやすく、しかもスタッフは社内で用意できます。セミナーは無料ですから学校にもアプローチしやすく、口コミも期待できます。

いきなり会社説明会に呼び込むのではなく、学生が魅力を感じるセミナーを企画することで、他の求人媒体に頼ることなく学生が集まる場を作ったことになります。

当社でもビジネスシミュレーションカレッジ「レガレッジ」というセミナーを開催しています。これは学校では教えてくれないが、社会に出たら必要になることをテーマに、学生に教えるイベントです。

テーマは、モチベーションマネジメント、リーダーシップ、チームビルディング、コミュニケーション、プレゼンテーション、プロジェクトマネジメント、タイムマネジメント、ビジョンクリエイト、コンセンサスビルディング、コンサルシミュレーションの10項目です。

1回の講義は2時間半で、その中の20分を企業のPRに使用できます。参加者は毎回30〜100名ほどです。

また、インターンシップや社長秘書の役割を体験できる付き人制度、デザイナーを集めるためのクリエイター勉強会などのイベントでもいい人材が集まることが、当社の実績から分かっています。

社員を巻き込む「リファラルマーケティング」

リファラルとは日本語で「紹介・推薦」という意味で、リファラルマーケティングとは一般的に、社員に知人や友人を紹介・推薦してもらう採用手法のことです。アメリカではグーグルやフェイスブックなどのＩＴ企業をはじめ、約85％の企業で導入されており、日本でも既に浸透し始めています。

このリファラル採用は日本での「コネ採用」「縁故採用」とは違い、紹介された人でも通常の選考プロセスを受けてもらうことになります。

リファラル採用は社内環境をよく知る社員がその環境に合いそうな人材を紹介するため、通常の採用に比べ会社とのマッチングの精度が高くなります。また、入社後も紹介者に相談することができるので、定着率も高いことが特徴です。

さらに、紹介してくれた社員と同じような専門性を持っていたり、職業観を持ち合わせていたりする可能性が高いこともメリットの一つです。

リファラル採用は一般的には中途採用で使われていますが、新卒採用でも有効です。特に、新卒1～2年めの社員や内定者に協力してもらうことが大切です。新卒1～2年目の社員であれば、自分が所属していたゼミ、サークル・部活、学生団体の後輩、また、浪人や留年、留学などで卒業時期がずれた同級生などにアプローチが可能です。そのうえ、内定者であれば、自分と同期の就活生はもとより、就活中に出会った就活仲間にアプローチすることも可能です。

ところで、採用担当者が頭を抱える問題に「内定辞退」がありますが、リファラル採用の場合は知り合いから紹介されたということから安心感と信頼性が高いため、内定辞退率は低くなる傾向があります。

大学生の友達の数は平均27・1人です（「オリコン」調べ）。たとえば10人の内定者がいれば、271人の友達に呼びかけることができるかもしれないということです。今ではLINEなど身近に交流できる手段があるため、内定者も抵抗なく友達を誘うことが可能です。

これらのことから、新入社員や内定者が誘いたくなるようなインターンシップやイベント、会社説明会などを企画することが、リファラルマーケティングを促進させるカギになるといえます。

早期インターンシップを活用する「囲い込みマーケティング」

8割の大学生が企業の正式な採用活動が始まる前にインターンシップに参加し、この割合は年々増えています。また、大学生は就職活動が解禁となる大学3年生の3月1日には志望企業を決めているというデータもあります（「楽天みん就」調べ）。このことからもわかる通り、就活解禁の3月1日よりも前にどれだけの数の学生とコンタクトできるかが、これからの採用マーケティングのカギになります。

インターンシップは多くの場合、大学3年生の夏・秋・冬と三つのシーズンに分けて企画されます。8月、9月の夏休みに合わせてサマーインターンシップを実行しようとすれば、準備はその年の4月から始まり、学生の集客を5〜7月にかけて行わなければなりません。そうすると、大学4年生に向けた採用活動のピークと重なるため、採用チームとインターンシップチ

学生のインターンシップ参加率／企業のインターンシップ実施率

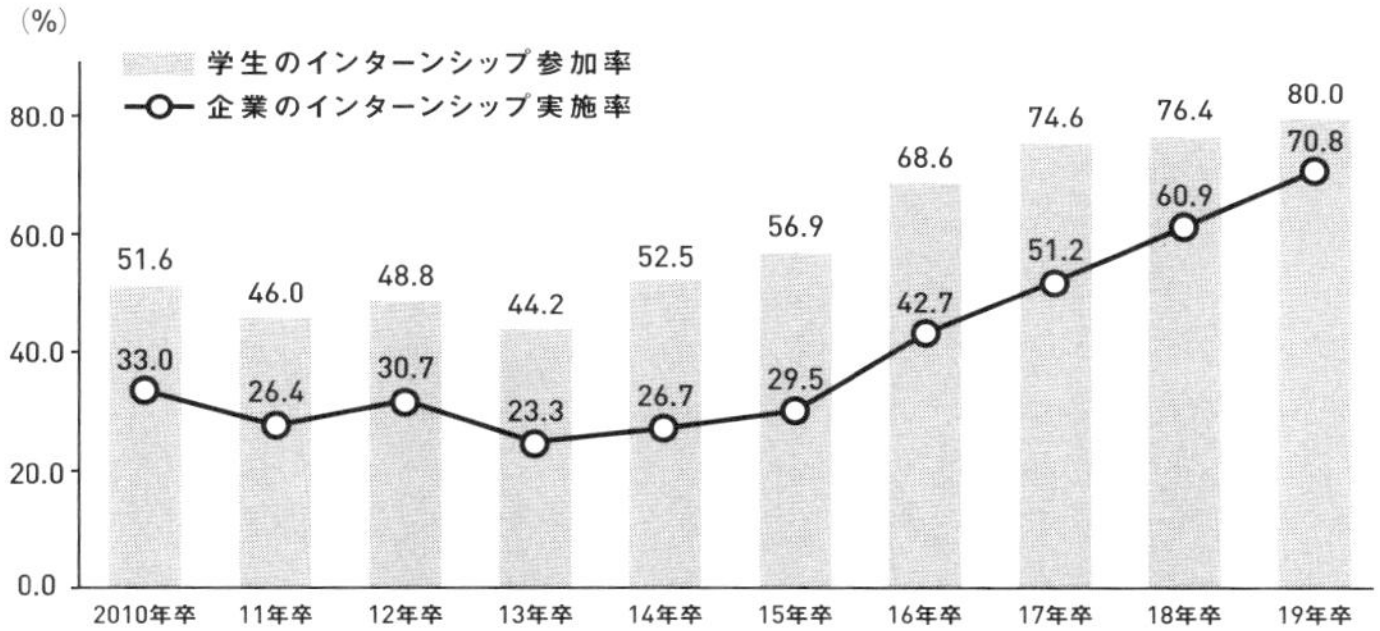

（「キャリタス就活2019学生モニター調査結果」より）

※学生は各年とも3年生の11月調査

※企業の実施率は、3年生時に参加と仮定して作図。2019年卒は2017年度実施

ームがそれぞれ別に活動するか、前年度の採用活動を4月くらいには目途をつけておく必要があります。

インターンシップのスタイルは様々ですが、約7割が「1dayインターンシップ」です。これは、企業が実施しやすく学生も参加しやすいというメリットによるものですが、一部の意識の高い学生は「1dayインターンシップ」には参加しないようです。その理由は、インターンシップ本来のテーマは就業体験ですから、彼ら・彼女らはその会社のビジネスフレームを体験し、働き方を理解し、そのうえで自分の実力がどこまで通用するか試す場としてインターンシップを考えているからです。そのため1日では物足りなさが残るのです。

このような学生たちからは、長期で、実践的で、自ら挑戦していくようなインターンシップが求められています。そのため当社では、1day以外にも2days、3daysといった参加しやすいインターンシップを企画し、当社とマッチングしそうな学生に関しては半年以上の長期のインターンシップに参加してもらい、その中から内定者が生まれています。

インターンシップは可能なかぎり、サマーインターンシップから実施したほうが優秀な人材と出会える確率が上がります。しかし、8日、9月に参加した学生が、その会社に入社する最終的な意思決定をするのは、早くても翌年の3月以降です。したがって、夏のインターンシップに参加した学生の気持ちを、約半年間つなぎとめる仕掛けが必要となってきます。

このとき、単発のインターンシップの企画だけでは、学生たちを半年間にわたって囲い込むことは難しいので、長期インターンシップを併用することがカギとなります。

ただ、長期インターンシップを行うには、現場社員のよりいっそうの協力が必要となるため、実施が難しい企業もあると思います。そのような企業は、月に1回程度、1dayタイプのインターンシップの企画を別プログラムで用意したり、12月以降にも早期会社説明会や早期選考会を企画したりして、就職解禁前に内定が出るプロセスをつくることも効果的です。

学生がインターンシップ先を選ぶ条件には、大きく分けて二つあります。

一つめは「箔《はく》がつく」ことです。有名企業のインターンに参加すれば、その後の就職活動で優位になると就活生は考えています。大手コンサル企業や、外資系企業を選ぶのも同じ理由で、人気インターンランキングにもそのような傾向がはっきりと出ています。

二つめは、「プログラムの企画に興味がある」ことです。会社説明会の延長や、世の中に出回っているグループワークをしても、学生は魅力を感じません。自社でしか体験できない、オリジナルのインターンシッププログラムを企画することが、ますます必要になってきています。

来た人をファンにする「口コミマーケティング」

マーケティングでは、実は口コミが最も効率がよく効果的です。

もちろん最初は就職サイトに掲載したり、合同説明会に参加したりするなどのアクションが必要ですが、これらによって発信した自社の情報が学生の間に拡散されるためには、口コミを意図的に起こす仕組みが必要になります。

口コミには大きく四つのメリットがあります。

一つめは、求める人材が集まりやすくなることです。たとえば大手企業への就職を希望している学生の間では、「レガシードがいいみたいよ」という口コミは広がりません。しかし、新しくて規模が小さくても面白い仕事をバリバリこなせそうな会社はないだろうか、と考えている学生たちの間では、「どうもレガシードという会社が面白そうだ」という口コミが広がるのです。

二つめは、口コミにはコストがかからないことです。

三つめは、会社説明会などを行った際の、キャンセル率が低いことです。一般的に、会社説明会などを行うとき、予約されていた人数の半分程度しか学生が参加しないということが少なくありません。しかし、口コミで情報が拡散された結果として申し込まれた場合は、約8割の学生が実際に説明会に参加するというデータがあります。

四つめは、マーケットに自社の評判が蓄積されていくので、ブランディングが行えるということです。「あの会社の説明会には行ったほうがいいよ」といった口コミがネット上に蓄積されていくので、ネットの検索機能からも認知度を高めることができるのです。

口コミを起こすには

以上のように、口コミにはメリットがたくさんあります。しかし、ただ就職サイトに自社の情報を掲載したり、会社説明会を行ったりするだけでは口コミは発生しません。口コミを発生させるためには、誰もが人に言いたくなるような話題性が必要です。

その話題性とは、「満足×意外性」です。

「満足」とは、学生が来てよかったと思う場があり、誰かに「行く価値があるよ」と言いたくなる好印象を持ってもらうことです。

また、「意外性」とは、他社にはない独自性を感じ、「こんなのは、ほかにないよ」と人に言いたくなる新鮮さや斬新さがあることです。

この「満足」と「意外性」が満たされた参加者は、「この会社の説明会は、ほかにはなくて、すごくためになったよ」と口コミを発信してくれます。そしてその内容が共感を得られれば、その口コミは「どうやらあの会社は行く価値があるらしい」と受け取られ、どんどん拡散されていきます。

ただ、口コミの怖いところは、悪い噂も広まってしまうことです。企業が全く意図していなくても、強い「不満足×失望感」を与えた場合は、それがSNSなどで発信されます。ですから、会社説明会などのイベントを画一的な内容にしてはいけません。必ず「満足」と「意外性」を盛り込むことが重要です。

そこで、口コミを生むための三つの仕掛けが大切です。

1．ヒトを伝播させる

会社説明会では自社の社員に話をさせる時間を用意しておくことをお勧めします。話をするのは、社内の〝イキイキ族〟の社員です。仕事にやりがいを感じて楽しそうに働いている社員です。

特に、どのくらい楽しくてやりがいのある仕事をしているのかという説明は、実際にやりがいを持って楽しんで働いている社員の話が、学生にとっては一番魅力的に映ります。

イキイキしている社員が実際に登壇すれば、学生たちも「あんな先輩がいる会社なら楽しそうだ」「あんな先輩のように働きたい」と共鳴する可能性が高まります。その結果、学生たちの「入社したい」という気持ちも強くなるでしょう。

また、経営者自らが登壇して会社のビジョンや使命感を熱く語ることも有効です。経営者が直接語りかけることで、「このような経営者がリードする会社なら、働きがいがあるのではないか」と学生たちの心を動かすことができます。

そしてこのような説明会であれば、「この会社の説明会はアツいぞ！」などと口コミで拡散される可能性が高まります。

2. モノを伝播させる

会社説明会などでは、会社案内や選考に関する資料が配付されますが、これらも口コミのツールにすることができます。

よくある一般的なパンフレットや資料では、ほかの企業のパンフレットや資料に埋もれてしまうでしょう。しかし、オリジナリティのある工夫が施されたパンフレットや資料を作成して配布すれば、学生もつい読み込んだり持ち歩いたりするかもしれません。その資料目当てで、次の説明会や選考会を楽しみにする人もいます。

また、「これ面白いよ」と学生仲間に見せるかもしれませんし、ネット上で紹介するなどして口コミが発生することも期待できます。

口コミを発生させるようなオリジナリティーのあるパンフレットや資料は、決して有名デザイナーを使ったり、費用をかけたりして作るものではありません。学生自身が書き込んで完成する作りであったり、社員などにインタビューするきっかけを与える仕掛けが施されていたりするといったものです。

あるいは、選考のための暗号や予告などのヒントが盛り込まれていたり、適正・性格診断ゲームや、就活お役立ち情報などが掲載されたりしていると、遊び心があって学生に楽しい印象が与えられます。

これらの仕掛けに学生が「面白い」と感じれば、口コミとして拡散されやすくなります。

たとえばパンフレットに、次の選考会までの課題を用意する方法があります。「あなたの強みを周りの人に聞いて、推薦文を10人以上からもらってください」という記入欄が用意されていれば、学生は必然的にこのパンフレットのことを周りの人に説明しなければなりません。

しかも、この課題の場合は、ゲーム性がありながらも、学生の人間関係を知る手がかりにもなります。周りの人たちからどのように思われているのか、まじめな推薦文が多いのか、ユーモアを感じさせる推薦文が多いか、両親からの推薦文がなければ親との関係に何かありそうだ、といった推測ができるためです。

3. コトを伝播させる

口コミを発生させる三つめの仕掛けは、学生が「来てよかった」と思える場を作ることです。たとえば私が以前勤めていた会社では、合宿型のインターンシップを企画しました。インターンシップといえば職業体験のイメージがあったので非常に注目されました。

当時からインターンシップに参加すると就職に有利と言われていたため、大企業のインターンシップは人気がありました。中小企業はインターンシップの参加者集めでも苦戦します。しかし、私が勤めていた会社は中小企業であったにもかかわらず、合宿型という企画が注目されて、応募者が殺到したのです。

このインターンシップは、無人島を舞台に様々なチャレンジを行うもので、募集人数48人に対して5000人の応募がありました。つまり参加できるのは応募者の1%です。ただし、ごく普通に抽選したのでは、興味を持ってくれたほとんどの学生を切り捨てることになります。そこで今度は、「生存確率1%」と銘打った選考会を行いました。

この選考会も口コミを狙う仕掛けとして、極度に冷房が効いた薄暗い会場を無人島に見立てて効果音を流すなどしました。そして、「周りの人とコミュニケーションをとって関係を作っていくと後々有利に働く」という謎めいたヒントを掲示しておき、2~3時間の「無人島脱出プログラム」をイメージしたアトラクション型選考会にしたのです。

この選考会が口コミで広がったのはもちろんです。

その後も、一度採用選考に落ちてしまった人が再チャレンジできる「再チャレンジ制度」や、約10時間の選考でその日に内定が出る「即日内定選考会」、会社を1日解放する「オープンカンパニー」などの斬新な企画が学生たちから好評を得ました。

また、採用活動が終わった後も、入社した人の家族を招いて「就職披露宴」を行ったことが、口コミで広まりました。当社では、仕事は家族の理解や協力なしでは成り立たないと考えていますので、特に育ててくれたご両親に感謝し、当社に入社したことを喜んでいただきたいと考えて行った企画です。

このように、アイデアと実行力しだいで、口コミで会社のイメージを広げていけるのです。

自ら出会いをつくる「攻め型マーケティング」

人材は待っていても来てくれません。採用活動は攻めの姿勢で行わなければなりません。攻めの姿勢とは、欲しい人材がいるところに直接アプローチするということです。

たとえば理系の学生が欲しいのであれば、理系の研究室の先生とコネクションを作り、「学生のためになる企画をやりませんか」と提案し、そのゼミの中で勉強会を主催させていただける機会を作れると効果的です。

学生団体（ボランティア団体、支援団体）と共催で勉強会などのイベントを開催することも積極的に行います。

また、「学生が人を集めてくれたら、無料でセミナーを開催します」というデリバリーシステムも好評です。特に地方では絶対に体験できないような説明会やセミナーを、学生を20人以上集めてくれるなら開催すると約束するのです。

この無料セミナーは全国50大学以上で実績があります。先に人員の条件があるため、常に満席の説明会やセミナーを開くことができています。しかも会場は大学内なので無料ですし、チラシも学生が配ってくれているので、あとは出向いて講演するだけという運びになります。

一見、会社側が得する企画に思えますが、もともとは学生にとって役に立つことができないか？　という発想から生まれたものですから、講演内容は常に学生にとって役立つことという視点で行っています。

学生を効率よく集める方法として、インターネット上に公開されている学生団体の全てのリーダーに連絡し、イベントに参加してほしい旨を伝えるということも行いました。

すると彼ら学生団体のリーダーたちは学生たちに影響力を持っていますから、組織単位で口コミが拡散されるわけです。私自身も自分の大学やサークルにOBとして積極的に顔を出すようにしてコネクションを育てています。

以上、学生の集まるところに直接アプローチする方法を紹介しましたが、いい人材を集めて口コミで拡散してもらうためには、企画自体が魅力あるものでなければなりません。

マーケティングを行うためには、お金を使うか、時間を使うか、他人の力を使うか、あるいはそれぞれを組み合わせて実践します。マーケティング自体はほかの企業も行いますので、大きな差別化はできません。

やはり最後は、どれだけユニークなアイデアを出せるかという知恵の絞り方にかかってきます。ですから、良い人材を集めるためには、とにかく知恵を絞らなければならないものだということは覚悟して臨まなければなりません。

コラム　年間2000人以上が集まるレガシード会社説明会「オープンカンパニー」

レガシードでは、会社説明会という名前を使っていません。私たちは「オープンカンパニー」という名称を使い、進学希望の高校生向けにその大学を知ってもらうオープンキャンパスのように、会社を開放して、以下のような四つのプログラムを実施しています。

1. TOP LIVE（トップライブ）

創業に込めた想い、レガシードに多くの学生・お客様が集まる理由、「はたらくを、しあわせに」を実現するための今後のビジョンを代表自らが語ります。

2. WORK SHOP（ワークショップ）

レガシードの社員が直面する実際の課題に取り組み、人事コンサルタントの思考を体感するワークショップです。就活に役立つこと間違いない思考が身につきます。

3. OFFICE TOUR（オフィスツアー）

「働きやすさ」を追求し、「ＩＢＡＳＨＯ編集部が選ぶおしゃれで、かっこいいオフィス20選」（オフィスバンク）にも選ばれたレガシードのユニークなオフィスを案内します。どんな工夫・こだわりが隠されているのかを、参加者は覗き見ることができます。

4. BAR TALK（バートーク）

参加者と、コンサルティングの現場で日々仕事に向き合う若手社員がドリンクを片手に語り合います。お客様との感動秘話から、ぶっちゃけトークまで、ざっくばらんに話す時間です。学生との距離が近いことで、会社説明会にありがちな当たり障《さわ》りのない質疑応答に偏るのではなく、お互いの「素《す》」を垣間見ることができます。

このようなプログラムを毎月1日から2日間程度、1年中行い、新卒・中途にかかわらずレガシードで働くことに興味のある人が参加できる仕組みにしています。このプログラムで高い評価を得ることは、レガシードに入社したいと希望される方の登竜門でもあります。社員は「オープンカンパニー」の日は、会社の業務を1日止めて全社員で企画に参加します。月に1回、学生に対して自社の魅力や自分の仕事のやりがいを語ることで、社員にとってもモチベーションが高まる機会となります。さらには、自分自身のプレゼンの質を高めるようにと、日常業務を行う中でも学生に話せるエピソードをストックしようとする意識が普段から働くことになります。

このように、学生にとっても、社員にとっても、プラスになる場を創造できるように工夫しています。

参加者の声

自社の紹介をするだけの一般的な講演ではなく、企業として今後どうしていきたいかなどの話まで聞くことができて新鮮ですね。就活をしていると、つい「こうすべきなのではないか」「周りがこうしているから自分もそうしなければ」といった枠にとらわれてしまいがちだと思うのですが、このトップライブに参加したことでその枠がいい意味で取り払えました。

まずチームごとにミッションが与えられ、社員さんたち一人ひとりに話を聞きながらそのミッションをこなしていくワークだったのですが、話を聞いていく中でみなさんが本当に楽しみながら仕事をしているんだな、ということがとても伝わってきました。ワークショップでありながら、「レガシードで働くということ」「もし自分がここで働いたらどうなるか」ということまで想像できる時間でした。

まずレガシードのきれいなオフィスを見させていただいて、「こんなところで働けたら楽しいだろうな」と思いましたね。このオフィスツアーでは、社員さんがオフィス内を説明しながら案内してくださるのですが、家具や小物などのレイアウトに対する細部へのこだわりを知り、そういった部分にもその会社の姿勢が表れるんだな、と感じました。

企業説明会の懇親会は、どうしてもお互いにポジティブなだけの質疑応答の時間になりがちだと思うのですが、レガシードでは社員さんたちから直接生の声が聞けました。なかなか聞きにくいような質問もしやすい雰囲気でしたし、実際に包み隠さず話してくださるので、とても有意義な時間でした。こんなに距離を近くに感じられる会社説明会はなかなかないと思います。

第5章

「入社したくなる」選考フローのつくり方

最後にフラれるのは、魅了しきれていなかったから

内定を出した後でも、しっかりとコミュニケーションをとり続けていないと「内定辞退」となって、学生にフラれてしまいます。内定までの選考フロー（選考の流れ）の中で学生としっかりと向き合うことはもちろん、内定後も学生の成長に関わり続けていれば、その企業は学生にとって重要な存在になっていきます。

内定後に学生が浮気をしないためにも、学生自身が「これだけ頑張ったのだからここに入らないと」と思えるように、積極的なアプローチを継続します。採用試験でも、画一的な筆記テ

ストと面接だけでなく、学生が「この会社には入る価値がありそうだ」と思えるような仕掛けを施す必要があります。

たとえば会社説明会でグループワークをさせたり、仕事を疑似体験できるような選考会だったりすることです。また、親身になって就活全般の相談にのる面談を行ってもよいでしょう。

それでは、学生を「魅了」するための採用ポイントについて見ていきましょう。

●「見極める採用」ではなく「育てる（成長実感）採用」

採用の中で相手を見極めようとすればするほど、学生との距離は遠くなります。採用ですから、選考することは一つの目的ではありますが、採用側が審判員や裁判官のような感覚になってしまうと、残念ながら学生にもその感覚が伝わってしまい、入社動機を高めることができません。

採用活動の最終目的は、入社した後も長く活躍して働いてもらうことですから、会社説明会で出会った時点から育てるつもりで接していきます。そうすると学生は成長を実感できるので、この会社に入社すればさらに自分が市場価値の高い人材になれると確信を持つことができるのです。

●「理解させる採用」ではなく「体験させる採用」

一般的な会社説明会では、採用担当者がスライドを見せながら一方的に説明して、学生に自社のことを理解させようとする方法がとられます。しかしこの方法だけでは、学生の印象に残りません。そこで、学生に何か体験させたり発表させたりするといった参加型の説明会にすれば、学生にとって印象深くなります。

●「誇張採用」ではなく「等身大採用」

会社説明会ではつい、企業のいいところばかりを誇張してよく見せようとするものです。しかし、そのような採用活動を行うと、どこかの段階で学生側に現実の企業と、説明された企業とのギャップを感じさせてしまいます。それも、入社してからそのギャップを感じさせてしまっては最悪です。学生側が騙されたと思い、その情報が拡散される可能性があるためです。

ですから会社説明会では、等身大の企業の姿を見せ、改善すべき課題があれば、それも開示して、学生に向かって、「これから一緒に解決していきたい、君たちの力が必要なのだ」と正直に訴えることで共感を得るようにします。

●「人事採用」ではなく「全社採用」

採用活動においては、担当部門だけが状況や情報を把握しているといったブラックボックス化してはなりません。常に社内に広報活動を行い、進捗状況を周知させることで、全社員が採用活動に興味を持ち、社長や採用担当者が勝手に採用したという印象を持たれないようにしなければなりません。

そして、選考の一部分に社員も参加できる機会をつくることが大切です。全社員が、自分たちが共に働いていく仲間を採用したのだという愛情と責任感を持てるようにします。

●「緊張空間の採用」ではなく「緩和空間の採用」

会社説明会や面談・面接は、決して学生に対する尋問の場ではありません。学生にはリラックスして本音を打ち明けてもらえるように、緊張した空間を作らず、意図的に緩和した空間を作るようにします。

私たちが知りたいことは、学生の素や本音です。緊張空間だと学生は構えてしまい、用意している原稿をそのまま話すような面接などになりがちです。選考なので緊張が全くないのも問題ですが、私たちが一番知りたい学生の素や本音を引き出すために、学生がリラックスできる空間を作るようにしましょう。

●「効率採用」ではなく「効果採用」

採用活動においては、効率を追求する以前に、効果を追求するほうが大切です。つい時間短縮や接触回数を減らすなど、学生の負担を軽減するためだと言いながら、企業の効率を重視してしまう会社が多くあります。

また、学生の入社動機を高める貴重な個人面接を、採用代行企業にアウトソースする企業も見受けられます。

大切なことは、採用ターゲットに確実に入社してもらうことです。学生が入社動機をより深められるだけの情報をしっかりと与えるには、時間をかけたり、エース社員を投入したりすることから逃げてはなりません。自社のスタッフだからこそ、伝えられることがあるのです。

最近は、「こんなにも自分と向き合ってくれたのは、この企業だけです」と言って入社を決める学生も多くいるためです。

● 「競争の採用」ではなく「共創の採用」

選考を受けている学生からすると、隣にいる学生は「敵」や「ライバル」という認識になりがちです。隣の人が落ちれば自分が受かる確率が高くなるためです。

しかし採用活動の中では、個人の力量だけを評価するだけではなく、チームの中での影響力を確認する場も必要となります。そのため、他人を蹴落とすことを目指させるのではなく、選考を受けている学生同士が協力し合って課題を解決する必要がある局面をつくります。

会社では一人でできる仕事はありませんから、チームとして働ける人材を採用することを重視するのです。

● 「一度だけ採用」ではなく「何度でも採用」

優秀な人材でも、初めての面接でその優秀さをアピールできない学生もいます。しかし回数を重ねるごとに、本来のよさを発揮することができます。そこで一度選考に落ちても、課題を克服したらもう一度チャレンジできる制度を用意しましょう。再チャレンジしてでもこの会社に入りたいと思う人材は、いったん入社したらなかなか辞めることはありません。

●「説得する採用」ではなく「納得しあう採用」

応募してきた学生の中にいい人材がいると、「君はうちで働くべきだよ」と言って説得しがちですが、大切なのは本人が「なぜこの会社に入社する必要があるのか」という理由を、自分の言葉で明確にできるようにすることです。そのため説得するのではなく、本人が「この会社で働きたい」という理由を自分の言葉で明確にできるような情報や環境を提供することが大切です。

会社側から説得されて入社するのではなく、学生自身が「ここで働きたい」と納得して入社するような採用を行わなければなりません。

●「広告採用」ではなく「口コミ採用」

採用活動においては一般的に、求人広告で募集を行います。しかし最も好ましいのは、口コミによって人が集まることです。口コミでは求める人材像に近い人材が集まりやすいですし、コストもかかりません。また、説明会などのキャンセル率が低いことも特徴です。究極的には、募集しなくても人材が集まる「採用活動をしない採用」が理想です。

会社説明会では社長が自ら語る

会社説明会では必ず、社長自らが学生たちの前で話すことが大切です。仮にスケジュールの関係で話せないとしたら、映像などで社長の生の声を学生に届ける必要があります。

社長と社員とでは、その会社の未来を創造することに対する責任も覚悟もレベルが違います。だからこそ、社員にまかせっきりにするのではなく、少しの時間でも社長自らが自分の会社の存在意義、ビジョンを語る必要があります。

一番理想的なのは、約20分~30分で話すことです。

会社説明会では、次の八つの情報を伝える必要があります。社長は少なくとも1番の「経営理念の本質」、6番の「ワクワクするビジョン」は必ず話してください。

社長自らの人生観、仕事観、経営観、これらを織り交ぜながら話すことも忘れないようにしましょう。

●会社説明会で伝えるべき八つの情報

1. 経営理念の本質（社名や理念の意味、経営者の哲学・フィロソフィー）
自社の社名や経営理念に込められた意味や思いを伝えます。社名の由来、経営者の考え、会社の行動指針、フィロソフィーを整理しておきます。

2. 分かりやすい事業内容（ビジネスモデル）、商品やサービスの競争優位性
自社がどのような仕組みで収益をあげているのか、ビジネスモデルをわかりやすく説明します。このとき、事業内容だけでなく、自社の商品やサービスの強みや魅力といった他社との差別化についてもわかりやすく説明します。

3. 信頼を感じる会社の実績
（数字・メディア実績・顧客の声・社会的信頼性のある表彰）

自社の実績を示す数字や事実、メディアに取り上げられた記事などを紹介します。数字は売上、経常利益、拠点数、成長率、社員数、離職率、女性出産後復帰率、給与、福利厚生などです。

4.社員の魅力・エピソード（入社10年以内の若手社員の実績、実例など）

入社10年目までの若手社員の印象的なエピソードや実績、キャリアなど、自社で働くことの魅力を伝えられる事例を紹介します。また、名物社員や突出した実績をあげたスーパー社員の例も魅力を与えます。

5.イメージできる社風・文化（社内イベント・教育制度・福利厚生）

自社の社風が分かるイベントや独自の制度について紹介します。印象的な写真を使うとより効果的です。

6.ワクワクするビジョン（事業展開・サービスポリシー）

自社のこれからの展開について紹介します。自社の将来へのビジョンをワクワクするような表現で紹介します。また、5〜10年先に目指している成長イメージを、事業展開や新製品の開発ポリシーなどと合わせて紹介します。

7.求める人材像（採用職種・人材要件）

採用する職種と求める人材像についてわかりやすく伝えます。人材像についてはスペック的な能力に関してだけでなく、人間性なども伝えます。そしてそれがなぜ必要なのかという理由も一緒に伝えましょう。

8.選考プログラム（選考フロー・プログラムの魅力・動機づけ）

選考フローや選考プログラムについて、次の選考への参加希望率が上がるように、その魅力を伝えます。次の選考で何が得られるかを明確に伝えましょう。

会社説明会は「説明型」ではなく「参加型」

学生にとって、来てよかったと感じる会社説明会と、つまらなかったと感じる説明会の違いについて、次のページの表にしてみました。

ほとんどの会社の説明会は、パワーポイントのスライドを見せながら、平凡な企業理念や平板な業務内容についての一方的な説明を90分ほど行っています。しかし、このような会社説明会の出口調査で、「どのような会社の説明でしたか？」と尋ねてみると、ほとんどの学生が説

■ 悪い会社説明会

	駄目なポイント	よくある学生の感想
悪い事前	・内容やコンセプトが不明確 ・不便な場所で参加しづらい ・学事日程と重なって参加しづらい	・案内が急で予定が既に入っていた
悪いプログラム内容	・他社の悪口を言う ・ありきたりな内容で中途半端 ・一方的に聞くばかりで発言の機会がない ・単調で眠くなる ・時間が長すぎる ・派手すぎる、くだけすぎる ・専門的すぎる ・若手社員の説明が稚拙 ・自己満足な感じがする ・脅しを感じる	・つまらないことに時間をかけていた ・すでに知っている情報ばかりだった ・抽象的な話ばかりでよく分からない ・中身のない話を長々された ・予定時間をオーバーした ・事前に予告のない試験を受けさせられた ・質問に答えられない ・内輪ネタで勝手に盛り上がっていた
悪いプログラムの運営	・段取りが悪く、ぎこちない運営 ・時間にルーズ ・大学によって対応が違う ・人数が多すぎて座席が窮屈 ・人数が少なすぎて寂しい ・活気がない	・事務的な対応で形式ばっていて感じが悪い ・人事の服装がラフすぎる ・激しくて威圧的な態度 ・予約したのに立ち見にまわされた ・声が小さすぎて聞こえなかった ・やる気を感じられなかった
悪い事後	・事後の対応が何もない ・次への導線が考えられていない	・採用スケジュールが明確でない

■ 良い会社説明会

	優れたポイント	よくある学生の感想
事前	・場所や時間など参加しやすく設定する ・告知メールのタイトルにインパクトがある ・行ってみたいという思いを喚起するような プログラム内容の情報を提供する ・学生との親近感を醸成するような予約確認の 連絡を必ず入れる	・エントリーしやすかった ・内容が事前にわかり、判断しやすかった ・丁寧な電話がかかってきた
プログラム内容	・オープニング映像にインパクトをもたせ世界観を創る ・社風や雰囲気がリアルにわかる ・理念や存在意義など社会に何を提供している 会社かを伝える ・仕事について理解できる ・データやビジュアルで分かりやすくする ・経営者や活躍している人材の話がある ・体験型などユニークで楽しい内容にする ・一方的ではなく、双方的なコミュニケーションがある ・社員交流があったり、質疑応答の時間もとる ・入社後のキャリアイメージができる ・記憶に残る印象の強い内容にする ・社内や工場の見学ツアーなど理解促進の場を設ける	・経営者が熱心に語ってくれた ・ゲーム形式で楽しくわかりやすかった ・知りたい内容が全てわかった ・内容が豊富でメリハリがあった ・グループワークで友人もできた ・他社との違いがよく分かった ・理系向けで技術内容がわかった ・悪い話も聞けた ・質問への回答が的確だった ・入社後のイメージができた
プログラムの運営	・受付や社員の対応がよい ・スタッフの服装も清潔感があり、おしゃれである ・顧客に対応するような丁寧さがある ・役割が分担され、運営スクリプトが共有され、 スムーズに運営できている ・座り方に工夫がされている ・名札がついている ・音楽にこだわりをもっている ・休憩のタイミングが適切である	・学生への気遣いが感じられた ・社員が笑顔で明るく対応してくれた ・採用に対する熱意が感じられた
事後	・応募につながるような導線がある ・次回の選考スケジュールが明確である ・迅速にお礼のメールなどを送る ・当日のアンケートに対する回答をする	・お礼の手紙が届いた ・人事の人からフォローの電話があった

明できません。つまり、記憶に残っていないのです。採用担当者が延々と説明した内容は、残念ながら無駄になっているといえます。それだけでなく、学生の時間も無駄にしていることを肝に銘じなければなりません。

一般的な会社説明会は、1時間半程度ですが、私どもは2・5～3時間かけることを推奨しています。学生たちに会社を理解してもらうためには最低限これくらいは必要だと考えているためです。同時に、これ以上長いと学生が来たくなくなるであろうという、ぎりぎりの設定です。

そこでは学生たちが能動的に説明会に参加できるように、課題を与えたりグループワークを行ったりして、その結果を学生たちにも発表してもらいます。

このような仕掛けを用意することで、実際の業務に近い体験をしてもらい、貴重な時間を成長の場として生かせるようにしているのです。

簡単に内定を出さずに、ハードルを上げる

意外かもしれませんが、人はハードルの高い選考でなければ熱中しません。

野球選手を採用する際は、実際に野球をしているところを見ます。実は企業における人材採用も同じはずで、たとえば営業職を採用するためには営業をしているところを見ることが必要なはずです。そこで、学生が営業をする機会を作るのです。

また、2次選考に進むためには1週間かけてじっくりと取り組まなければ提出できないような課題を出します。ここで実際に課題への回答を提出できる人材は3割程度ですから、7割はこの段階で失格となります。

しかし、このようなハードルの高い課題をクリアした学生は、この段階で仕事の魅力や価値に気づきますので、「ここまでやったのだから、なんとか入社したい」と考えるようになります。つまり、課題が難しいほど入るのが難しい会社である、というブランドが築かれるのです。

また、選考の課題として、たとえば営業職の募集であれば、社員がお客様役をして、学生に実際に営業してもらいます。これによって、入社した場合に営業能力がどの程度期待できるか

推し量ることができます。

このような選考課題で落ちた学生は、落ちた理由を明確に自覚できます。また、これまで落ちるということを経験してこなかった学生にとっては、この会社が初めて自分にだめ出しをした会社ということで、かえって魅力を感じることになります。

一方、このようなハードルの高い課題に対して、面倒だから、あるいは難しそうだから挑戦しない、そこまでして入りたくない、という学生であれば、この段階で選考対象にする必要はありません。こんな課題は学生には難しくて悪いよな、あるいは嫌われてしまうな、といった遠慮は無用です。

ただ気をつけなければならないのは、単に負荷の高い課題をやらせればいいわけではなく、その課題に取り組むプロセスの中で、学生が価値を感じたり、達成感を感じたり、成長を実感できる内容にする必要があるということを忘れないことです。

遠慮して採用した人材が、入社後に活躍してくれる可能性はかなり低いことを覚えておいてください。

仕事モードだけではなく、オフモードも見せる

最近の学生は、ライフワークバランスを重視する傾向が強まっています。これは、仕事よりプライベートを優先させたいという発想ではなく、仕事は仕事、プライベートはプライベートと、オンとオフをしっかり分けたライフスタイルを確立したいと考える若者が増えているということです。

ですから、選考の中で仕事モードの社員を見せることも大切ですが、オフの社員を見せることも大切になってきます。そのため、レガシードでは、選考を受けている学生を、飲み会の席や花見、カラオケ、バーベキューなど仕事以外のイベントにも誘います。

このようなイベントでは、学生たちもリラックスした環境下にあり、素の状態で関わりやすいため、私たちとしても選考のときに感じた学生の印象とは異なる面を見ることができます。

このことは、学生から見ても同様です。

仕事モードの社員ではなく、オフモードの社員を見ることで、より一緒に働きたいと思う学

生もいれば、自分とは少し違うなと思う学生もいるかもしれません。学生は会社に入るというよりも、この仲間の一員になりたいと思えるかどうかという基準で意思決定をする傾向が強いのです。

ですから、社員と触れさせる機会をつくるために、オフィベントの企画を選考の中に取り入れてみるといいでしょう。

私が採用担当者の頃には、毎週日曜日の朝8時から、「モーニングクラブ」という朝食勉強会を企画していました。そこでは美味しい朝食を食べながら、私が学生のためになる話をしたり、時にはゲストを呼んで話をしていただいたりしました。

また、1週間のプランニングをし、先週の活動を振り返ることも実施しました。

このような日曜日の朝から催す勉強会に参加するような学生の意識は高いため、採用ターゲットが集まる可能性が高いのです。

この毎週の勉強会では、私の話を聞いているうちに入社の意思が高くなるため、そこからの内定者も誕生しました。

ほかにも最近では、社長の1日付き人体験として朝イチで私の自宅に迎えにきて、私が子どもを保育園へ送りとどけるところから始まる仕事に同行させ、仕事が終わった後の飲み会やオフの自分までを見せることもしています。

経営者がどのような思考で、何をどれくらいのスピード感で行っているのか、リアルに見ることができる体験は、学生にとって刺激的で学びの多い一日になります。

これも学生を魅了する企画でありながらも、同時に学生自身の能力を把握することができる仕掛けです。

相手の欲求の違いに合わせて情報の提供の仕方を変える

全ての行動は自らの選択による、と考えるのが選択理論心理学です。人間には五つの基本的欲求があり、それぞれの人によって優先順位が違います（次ページ図参照）。これらのバランスを理解して、欲求の充足方法をつかむと、採用活動にも活かすことができます。

たとえば、人間の欲求の強さの違いにより、自社の強みの何を伝えるのかを変えて、その人材との関わり方を変えます。

「生存の欲求」が高い人材には、売上や利益の安定性、長く働き続けられる環境があること、しっかり働いてしっかり休める社風があることなどを伝えます。このタイプの人材は、初めて

5つの基本的欲求

（『選択理論心理学』より）

生存 Survival
- 健康で長生きしたい
- ゆっくり寝たい
- 安定した収入を得たい
- 保障を得たい

愛・所属 Love & Belonging
- 愛し愛されたい
- 大切に扱われたい
- 人と一緒にいたい
- 仲間の一員でありたい

力 Power
- 認められたい
- 昇進・昇格したい
- 自分の価値を証明したい
- 達成したい・勝ちたい

自由 Freedom
- 権限が欲しい
- 仕事を任せてもらいたい
- ノルマから開放されたい
- 拘束されたくない

楽しみ Fun
- 楽しませるのが好き
- 好奇心があり興味が広い
- 学んで成長したい
- 好きな仕事をしたい

欲求充足ができる時間は優先順位があがる

①ひとりひとりの欲求の強さに違いがある
②欲求が満たされる環境や人間関係を願望に入れる
③願望に入っているものは行動の優先順位が高くなる
④優先順位が高くなる＝時間を多く使うことになる
⑤好きな状態を繰り返すと、さらに好きになっていく

見ることやイメージできないことには意思決定が難しいため、明確なイメージを与えることと、安心感を与えることが大切です。また、ベンチャー企業に入るとストレスを受けやすい傾向が高いことを理解しておきましょう。

「愛・所属の欲求」が高い人材は、自社の社員や経営者の魅力を十分に伝えて、「この人たちと一緒に働きたい」「この仲間の一員になりたい」という気持ちを持たせることが大切です。このタイプは社員を大切にしている組織環境を求めるので、特に社長の人柄が入社動機に影響を与えます。したがって、早い段階で社内のイベントなどに参加できるようにして、社員の一員として存在している感覚を持てるようにします。

「力の欲求」が高い人材には、発言の機会を与

えたり、特別感を与えたりして承認を多く活用します。このタイプはキャリアが積めて、若くても活躍でき評価されやすい環境を好みます。また、多くの人に影響を与えたいと考えるために、仕事のスケールも重要になります。

「自由の欲求」が高い人材は、束縛されない自由な環境を好むため、多様な人材を受け入れている組織に魅力を感じます。また、若くても裁量権が与えられて主体的に変化を創造できる環境を好みます。「○○をしたいから方法を考えておいて」といった主体性を発揮できる場を用意することが重要です。

「楽しみの欲求」が高い人材は、仕事で得られるやりがいや楽しさを伝えることが重要です。たとえば、疑似体験により充実感が得られる場を用意するといいでしょう。また、自己成長することを求めるタイプなので、成長を実感できるようなアドバイスも有効です。

以上のように、人は自分の欲求を満たせる人や環境に、より多くの時間を使おうとします。そして、最も多くの時間を使った企業に入りたいと思うようになります。

学生は学業だけでなく、アルバイトやサークル活動など、様々な活動に時間を使っています。その中で就職活動に使う時間はおのずと限られますから、数ある企業の中から入社したくなる企業になるためには、どれだけ学生たちと共有できる時間を作れるかということが重要になってきます。自社に使う時間が多くなるほど、他社に使う時間は減るからです。
したがって、学生たちが優先的に時間を割きたくなるような関係作りを行うことが大切です。

本人が迷っているときは特別な機会を提供する

私が最初に入った会社を選んだのは、その会社の社長から大学院に行きながら働いていいという特別な条件をいただけたためです。もしその条件を提示されていなかったら、入社することはなかったでしょう。

本当に欲しい人材の気持ちを動かすためには、その学生が手に入れたいことが自社に入社することで叶えられるのだ、という環境を最大限に用意しましょう。このことにより、学生は自分がその会社にとって特別な存在であることを実感し、それを他社では得られないメリットだと受け取ります。したがって、この手法は候補者が他社への就職や就職以外の道と比較を始めたり、興味を持ち始めたりしたときに有効です。

特別な機会には次のようなものがあります。

1. 社長や経営幹部と一対一で食事ができる機会を与える
2. 本人の希望する部署や上司を約束する
3. 社長のかばん持ちなど、経営者と近い距離で働く機会を与える
4. 大学院に行きながら正社員として働く道を提供する
5. 専門技術を学ぶためのスクールへの入学や教材購入を支援する
6. 奨学金の返済や、引っ越し費用など、まとまったお金を貸してあげる
7. 事業の立ち上げや新会社の立ち上げに携われる機会を与える
8. 採用権限を与え、新卒採用チームの一員になれる機会を与える
9. 海外の研究機関やコンベンションなどに参加できる機会を与える
10. 上場プロジェクト推進室や、新商品開発チームなど、通常、新卒では入れない部門に配属する

タイミングを外さず、相手のホットボタンを押す

採用はタイミングが命です。

学生がライバル企業に意識を向けかけているときに就職活動の相談にのるなど、学生と会うべき時期を見計らって機会を作ったり、タイミングを押さえた活動をしたりします。

これは、就職先などを模索中の学生は、何か運命を感じるようなタイミングでキーマンに出会ったり、相談したいときに相談相手が現れたりするなど、縁を感じたときにその後の選択を決定することが多いためです。

いいタイミングで学生と出会うためには、メールやＬＩＮＥ、フェイスブックなどのＳＮＳや携帯電話で頻繁に連絡を取り合い、就職活動状況を把握する必要があります。そのときに得る情報としては、次のようなことを知る必要があります。

●選考企業や選考段階　●志望度の変化　●志望理由
●志望職種　●会社選択の基準　●欲求バランス　●願望　●キャリアイメージ
●憧れている社員　●選考を受けている仲の良いメンバー　●就職活動の終了条件

そうしたうえで定期的に会食の機会を設け、候補者の情報収集と共に、相談にのって問題解決の手助けをしたり、採用したい人材同士を食事の場で合流させ、関係性を作るようにします。

また、入社を迷っている学生には、既に内定が出ている学生（内定者）と出会う場を設け、同期の絆を作ります。企業には悩んでいる本音が言いづらいこともありますが、同期になる内定者には打ち明けます。その情報を内定者から得て対策を打ちます。

私が採用担当者の時に一番気にしていたことは、採用したい学生が自社以外で検討している会社の選考がいつあるか、また選考ではないけれど、その会社の社員と接触するタイミングがいつかということでした。

私は、欲しい学生の情報を全て把握していたので、彼らが他社の担当者と会った翌日には必ず電話をし、世間話をしながら心境の変化を確認していました。そのときに、他社に気持ちが傾いていると感じた場合にはすぐに面会の設定をし、「やっぱり当社で働きたい」という気持ちを掘り返していました。

また、反対している親に入社したい気持ちを伝える日時もしっかりと押さえます。その前には私が親役になって、〝壁打ち〟の練習をさせることもありました。そのうえで親と話した翌日に必ず連絡をし、状況を確認し、フォローが必要であれば即面会してサポートしました。その結果、今まで親に反対されたからという理由で、最終的に入社しなかった人材はゼロです。

このようにタイミングを外さないように学生と関わると、学生は「こんなに親身に自分の就職活動や人生に関わってくれるのか」と感謝の気持ちを持ち始めます。

既に述べている通り、学生は複数の企業を股にかけています。ですから採用担当者は、自社が一途に愛されていると勘違いしないように、常に浮気相手の動向を意識し、浮気するのがばからしいと思えるように働きかけ、自社に一途な恋をしてもらえるように関わることが大切です。

第6章 筆記試験と面接で見極めると「ミスマッチ」が起こる

あなたの会社の面接官は、自分の主観で合否をつけていないか？

同じ会社の面接官であるAさんとBさんで、同じ学生に同じ質問をしたとしても、A面接官は84点で合格をつけ、B面接官は60点で不合格という結果を出すことがあります。

会社が求める人材要件が明確であり、判断基準がしっかりしていれば、本来は同じ会社で評価が変わることはないはずですが、このようなことはしばしば起こっているという現実があります。

しかも、面接官に対してトレーニングをしっかりと行っている会社は極めて少ないでしょう。

面接官がトレーニングを受けずに面接をすると、面接官の主観によって学生を判断することが起こるのです。

これは面接において次の五つの状況が生まれてしまうためです。

①ハロー効果

目立ちやすい特徴に引きずられて、ほかの特徴の評価が歪《ゆが》められる現象のことです。

たとえば、ある分野やある特性において優秀な人（語学力がある、スポーツで優秀な成績をおさめたなど）だと感じた場合に、ほかの分野や特性においても優秀であると見なしてしまうことや、その逆に優秀ではない（成績が悪い、印象がよくない）と感じた場合に、その人全体の評価を低く見なしてしまうことなどがあげられます。

②対比効果

直前に面接した相手が非常に前向きだと、次の相手がやや前向きでも後ろ向きだと錯覚する現象のことです。つまり評価基準に従った明確な評価が行えないために、絶対評価ができず、総じて相対的な評価となり、採用活動全体の質の低下を招くおそれがあります。

③ 中心化傾向
何人も面接しているうちに、評価が中間的なところに集中してしまう傾向のことです。

④ 寛大化／厳格化傾向
学生が面接官と共通点があると評価が甘くなったり、高くなったりする傾向のことです。

たとえば、大学が同じだから、同じ部活をやっていたから、親が若くして亡くなったから、などです。

⑤ ステロタイプ評価
服装の趣味が悪い人間は感性が鈍いなど、偏った判断基準で評価することです。

たとえば、読書好きはおとなしい、声が大きいと推進力がある、などです。


このように、学生の印象や面接官の主観によって合否が左右されるのをなくすためには、面接官は面接の最中に学生の合否を判断するのではなく、できるだけ多くの客観的事実に基づく情報を収集し、面接をし終えた後に合否の判断を下すことが大切です。

そのためには、5W1Hで学生に質問を投げかけることが有効です。「いつ」「どんなシチュ

選考方法によるメリット・デメリット

	時間	マンパワー	コスト	効率性	動機づけ	見極め
① 筆記	短	少	少～多	高	弱	低～中
② 個別面談	短	多	少～多	低	弱～強	低～中
③ GD/G面	短～中	中	少～中	中	弱	低～中
④ GW	中	少～中	少～中	低～高	強	中
⑤ IS	中～長	少～中	少	中	強	高
⑥ 課題	中～長	少	少	高	中	中～高

（③のGD/G面とはグループディスカッション/グループ面談。④GWとはグループワーク。⑤ISとはインターンシップのこと）

①～③のデメリット

- 何ができるかという能力が判定しにくい
- 集団の中でのパフォーマンスが分かりにくい
- 時間軸を長くしたときの取り組みが分かりにくい
- コスト、労力、人手のいずれかが大量に取られる
- 選考をする人材による偏りや、ばらつきが起こりやすい
- 自社に入社したくなる動機づけがしにくい　（面接では面接官に依存）

エーションで」「誰に対して」「どんな目的・意図で」「どういう工夫をして何を」「どんなふうにしたか（行動）」、これを根掘り葉掘り聞いていきます。

面接で大切なのは、判断をしようと思うなら学生の過去の行動事実に着目し、それが入社後、自社にどのように再現されるかを確認することです。

トレーニングされた面接官が面接をして、事実情報を確認したうえで合否の判断を行うことはできます。しかし、この場合は一人の人材を判断するのに最低でも1時間以上の時間を要します。そのため、多くの人材を判断するためには、面接だけで相当の人手と時間がかかってしまいます。

また、トレーニングされていない面接官が面

接だけで人材を評価すると、誤った判断を下す傾向が強くなるので、この場合は面接以外の評価を選考の中に盛り込むことをお勧めします。

求める人材像を言語化しても、ミスジャッジは起こる

人材採用成功の定義は、人が会社に「定着」して「戦力」となることだ、と述べました。この会社で働けて心から幸せだと感じ、会社にとってもなくてはならない戦力として活躍でき、長く働いてくれる人材を採用しなければなりません。

そのような人材に必要なのは、会社や仕事、一緒に働いている人たちへの共感のほかに、人間性と能力です。ただ、注意しなければならないのは、採用者はつい、「ぜひ、この会社で働きたい」と熱く語る人を採用しがちだということです。

確かに、会社のビジョンに共感して、どうしてもこの会社に入りたいと言ってくる人を採用すれば、入社後も頑張ってくれそうな気になります。しかし、共感だけで採用することは危険です。

なぜなら、いくら共感していても、人間性や能力が伴わなければ、入社後に会社に貢献でき

る人材にはなれないからです。人間性が伴っていなければ人から信頼されないし、能力がなければ質のいい仕事はできません。

人間性には、素直さや責任感、主体性、思いやり、積極性、まめさ、こだわりなど、あげればきりがありませんから、自社にとって優先すべき要素を五つほどに絞り込んでおく必要があります。

また、能力には、コミュニケーション力やプレゼンテーション力、デザイン力、論理的思考、経理能力などがあり、こちらも様々なので自社の業務で優先すべき要素を絞り込んでおくべきです。

ただ、人間性については育成することが難しいですが、能力に関しては入社後のトレーニングによって身につけられるものもあります。私の場合は、人間性8割、能力2割くらいで評価することにしています。

人間性と能力についての要素を絞り込む際には、MUST《マスト》（絶対条件）とWANTS《ウォンツ》（可能であれば欲しい条件）に分けて考えます。そして、複数の職種について採用する場合は、職種別に絞り込んでおく必要もあります。

人材の属性についても、職種別に基準を用意しておきます。年齢や性別、出身大学、新卒か中途か、特定の資格の有無など、職種によっては専門性も要求されますので、欲しい人材の属性は当然変わってきます。

これらの人間性や能力の各要素を定義する際は、社内で共有しやすく定着しやすい言葉に置き換えておくといいでしょう。たとえば「情熱」は「アツさ」、「前向きさ」は「ポジティブオーラ」、「好印象」は「スマイリー」などです。

また、採用活動で使用する言葉の定義も明確にして共有しておく必要があります。たとえば「コミュニケーション力のある人」と表現しただけでは曖昧《あいまい》です。話すことが上手なのか聞き上手なのか、あるいは人との関係性を構築する能力の高さを示しているのかなど、人により解釈が異なります。

したがって、このような言葉は、文章で定義できるようにしておく必要があります。たとえば「コミュニケーション力のある人」であれば、「自分から積極的に話しかけることができ、相手の要望を的確に把握でき、相手に合ったプランを提示できる人」や、「人との関係作りがうまく、誰とでも会話ができ、相手から信頼される人」などとはっきり文章化しておきます。

その際、求める人材像を明確化するために、次の五つのポイントを明確にしておく必要があります。

1. 採用する職種
2. 採用した人材にやってもらう仕事
3. 採用した人材に創り出してもらいたい具体的な成果
4. その成果を作るためにはどんな困難や難しさが存在するか
5. その困難や難しさを乗り越えて、成果を生み出せる人材とはどんな人材か

妥協は禁物。
どんな行動をとる人材かまで落とし込め

求める人材像を明確化する際、単に「○○力のある人」といった定義で終わらせてはいけません。これでは選考中にどのようなところを見極めればいいのか不明瞭です。

人の能力や人間性を見ることができるのは、その言動や行動においてです。そのために、選考する際には、その人の言動や行動が見える状態を作る取り組みが必要です。

そのためには、どんなシチュエーションのときに、どんな行動をするのか、ということをイメージしたうえで、そのシチュエーションに近い仮想の状況を作って選考試験に落とし込みます。

たとえば、「気配りがある人」が欲しいとします。それでは、自社にとって「気配りがある」とはどのようなことかを定義します。すると、「相手の心境を読み取ることができて、相手を喜ばせる行動がとれる人」と定義できたとします。

次に、これをどのような行動から読み取れるかを想像します。会食の席で周りにおしぼりを回したり、「何を飲まれますか?」と質問できることであったりします。これが、この人材のコンピテンス(適性)です。

このような人であれば、みんなで食事に行けばみんなにメニューを渡したり、出された料理を小分けにしたりすることもできるだろう。また、人が通るときには邪魔な椅子を移動させるとか、相手に配慮した話や言葉遣いをすることができるだろう。後片づけも率先して行うに違いない——。

このように具体的な行動の特性を書き出します。

また、「論理的思考のできる人」が欲しい場合は、そのような人材がとるであろう行動を想像してみます。スケジュールを頻繁にチェックしたり、最短ルートで行こうとする、相手の話を「要は」と簡潔にまとめて確認できる、代案を提案するなど、思いつくままにあげてみます。すると行動特性が具体的になります。そこからどのような選考プログラムを作るべきかを検討するのです。

コラム 「レガシードの五つの採用基準」

レガシードは以下の五つの要件を持った人材を採用する。

①ポジティブ

【言語定義】

前向きで明るいエネルギーを周囲に放出できる人

【行動特性】

□ 明るい表情・態度で立ち振る舞える
□ 場の活気や人の元気を創造できる
□ 肯定的で建設的な意見を言える
□ どうやったらできるかを考えられる
□ 自分だけではなく、人の行動を喚起できる

【選考課題例】
① 会議やミーティングの場の表情や姿勢、言動を確認する
② 議論が停滞したり迷走したりした際の、発言や影響力を確認する
③ 日報のコメントを確認する

② 当事者意識

【言語定義】
あらゆる手段を使い、責任持って完遂できる人

【行動特性】
□ 完結するまで最後まで追い続ける
□ 達成するために何をする必要があるかを書き出せる
□ すぐに行動に移し、期限を守る
□ 人や環境のせいにしない
□ できない理由を口にしない、言い訳をしない

【選考課題例】

①納品スケジュールなどでＷＢＳ（作業分解図）を漏れなく書き出せるか確認する

②自力と他力の両方を活用しないとできない課題を与えて確認する

③人に依頼してアクションがされない中、突いて前に進ませようとするか確認する

③愛

【言語定義】

他人の幸せのために、とことん本気になれる人

【行動特性】

□自分の時間を他人の幸せのために喜んで使うことができる

□人を喜ばせたり、感動させたりするのが好き

□全てに感謝でき、自己中心的な発言や行動をしない

□人から感謝や賞賛の言葉を多く投げかけられる

□相手の未来のために向き合い、時には叱れる

【選考課題例】
① イベントを企画・運営してもらう中で確認する
② 仲間や会社から求められたら自分の予定を調整しようとするか確認する
③ 感謝の言葉が会話に多く出るか確認する

④ **感性**
【言語定義】
心境・状況を感じ取り、先読み行動ができる人

【行動特性】
□ 相手の求めていることを瞬時につかむ
□ 相手視点に立った案内ができる
□ やってと言われる前に行動している
□ 人の会話や投稿を敏感に察知し、情報を多く持っている
□ 相手に配慮した言葉の言い回しができる

【選考課題例】

① 会場設営、来客対応、オフィス案内をしてもらう中で確認する
② 飲み会の場所や弁当の手配をしてもらって確認する
③ 設計コンサルタントのアシスタント同行の中で確認する

⑤ プロフェッショナルイズム

【言語定義】

ルールを守り、卓越した成果を追求できる人

【行動特性】

□ 自分の私心よりも組織の成果を優先できる
□ 自分のスキルや知識を高めるための努力を惜しまない
□ ミスは素直に謝り、自己変革、改善を繰り返せる
□ 自己概念は高いが、自己評価が厳しい
□ 自分の評価者の期待を超えるように質を追う

【選考課題例】
① レガシードの姿勢のルールを伝え、一カ月一緒に働く中で確認する
② インターン中、どれだけ自分から先輩に関わり質問してくるかを確認する
③ プロセスの努力よりも成果がどうかで語れるかを確認する

言っていることではなく、やっていることで判断する

人は口先だけならなんとでも言えますが、普段していないことをいきなり行動で示すことはできません。仕事においても、行動が伴わない人は成果を出すことはできません。ですから選考の中では、どのような行動をとる人材であるのか、ということが表に出る仕組みを作ることが大切です。

前述しましたが、レガシードでは「オープンカンパニー」と呼ばれる一般的な会社説明会に参加した学生に、次の選考に進む意欲がある場合は、以下のような課題を出します。

【次の選考課題】
レガシードへあなたを推薦する「推薦文」を、10人以上から集めて提出してください。
※ 推薦文は、自分のことを理解している人やお世話になった人から集めてください。
※ 「レガシードとはどんな会社なのか」「なぜ選考に進みたいのか」を相手に伝え、理解してもらったうえで、推薦理由を含め書いてもらってください。

※ 手紙、word文書、LINEメッセージなど形式は問いません。文章量の指定もありません。

参加した学生の8割以上は、次の選考に進みたいとチェックします。しかし、実際にこの課題を期限内に提出する学生は、そのうちの3割程度です。

私たちが求める人材要件の中には、「人の力を借りて成果をつくれる人材かどうか」、また、少しハードルの高い課題を定められた条件を守って期限内に取り組めるかどうかを見ようということがあるので、それでいいのです。

たとえば営業職を採用する場合、ボーリングなどのスポーツを共にすると人間性がよく見えてきます。ボーリングではスコアに対する意識の強さ、10フレームの集中力、ミスしたときの振る舞い、チームを盛り上げるかどうかのリーダーシップなどが判断できます。

あるいはカラオケに連れていくと、そこにいる社員の年代や嗜好などを捉えたうえで選曲ができるかなどの空気を読む能力、相手の視点に立つ能力などがわかります。

このように、自社で求める人材要件を満たす人材かどうかを判断できるような課題に取り組ませる選考プログラムを作ることが大切です。

たとえば、ガソリンスタンドを運営する会社では、3次選考で次のような課題を出しました。

【課題①】

店員であるあなたは、車のオイル交換でご来店の田中様の対応をまかされました。田中様の車種とニーズに基づいて、最適なオイルの種類をお勧めし、どのオイルに交換するかを決定させてください。あわせてオイルフィルターの交換時期も確認し、必要であればお勧めしてください。

※ メーカー推奨オイルはエンジンオイル一覧に記載してあります。
※ エンジンオイルのメニュー資料を使用することができます。
※ 車両の情報は、お客様情報シートに記載されています。
※ オイルフィルターの提案にはメンテナンス資料を使用することができます。
※ デモ映像を参考にすることができます。

【課題②】

当社ではオイル交換にあわせて、無料で車の点検を実施しています。あなたは田中様の車の

点検を行った結果、いくつかメンテナンスが必要なところを発見しました。車の点検結果をもとに、必要なメンテナンスを提案してください。その際、メンテナンスにかかるお見積もりもあわせて提示してください。（条件は省略）

参加者には約1週間から2週間かけてこの課題に取り組んでもらい、実際に提案をしてもらいます。提案までの間に社員に質問したり相談したりする機会もあります。

この課題では、発表内容も合否の基準の一つですが、1～2週間の取り組み方も合否基準の大きな要因となります。

面接などではその学生の一次的な、あるいは瞬発的なパフォーマンスしか判断できませんが、ある一定期間で取り組んでもらう課題なら、一定の期間内でのその学生の行動特性を判定することができます。

人を魅了しながら、選考できる新手法「ストーリーワーク」

学生の資質を判断するためにグループワークを取り入れる企業が増えてきていますが、残念なことに、企業側が学生を見極めることに重点を置きすぎてしまい、ワークを通して学生を魅了することができていない場合が多くなっています。

私たちがお勧めする「ストーリーワーク」は、学生たちを1チーム5～8人に分けて、入社後の働くイメージや会社の強み、仕事観を持ってもらい、入社動機を高めていくグループワークとなっています。

この「ストーリーワーク」では、入社後に体験する仕事やプロジェクトのストーリーが音楽に合わせて写真と文字で展開されます。そして学生たちはストーリーの登場人物になったつもりで、途中に出される課題にチームで取り組みます。こうしてストーリーを通して仕事の意義や、働くうえでのこだわり、キャリアイメージを抱くよう働きかけます。

また、自社で活躍する人材かどうかを判断するための実践的な課題も、ワークの中に盛り込まれています。さらに、チーム内で投票し合う仕組みも取り入れています。

この「ストーリーワーク」の制作にあたっては、その会社で働いているモデル社員を4名ほど選出し、それぞれが仕事においてどのようなこだわりを持って働いているかなど、自分たちの会社らしいエピソードを話してもらいながら、それぞれのエピソードを組み合わせて一つのストーリーを作っていきます。

■ ストーリーワークの実施

導入・ワーク

↓

ストーリー展開

↓

課題実施

↓

振り返り

↓

評価・選抜

1チーム5〜8人で取り組むワーク。

実際の入社後に体験する仕事やプロジェクトのストーリーが音楽に合わせて写真と文字で展開され、ストーリーの登場人物になったつもりで途中に出される課題にチームで取り組んでいく。

ストーリーを通して仕事の意識や、働く上でのこだわり、キャリアイメージを訴求する。

また自社で活躍する人材かどうかを判断するための実践的な課題がワークの中に盛り込まれ、筆記や面接ではわからない能力を判断できる。

このワークには次のようなメリットがあります。

●ストーリーワークの導入メリット

「受動的思考」を「能動的思考」へ切り替えるグループワーク

〈訴求力向上〉

① 入社後に働くイメージ、キャリアイメージを具体的に訴求できる
② 何を大切に仕事をしているかというポリシーや哲学を訴求できる
③ 御社だから提供できるサービスや職業の価値を訴求できる

〈判断力向上〉

① 求める人材かどうかが露呈する課題をつくり、筆記や面接ではわからない能力を判断できる
② 現実に近い課題に取り組むプロセスで学生の行動特性を判断できる
③ チーム内での投票制度を盛り込むことで妥当性の高い情報を持って判断できる

〈運用力向上〉

① ファシリテーター（進行役）の力量を問わず、一定水準の魅力訴求がストーリーで伝えられる

② ストーリーワーク後に座談会をすると、本質的・具体的なテーマでの質疑応答になりやすい

③ 100名の参加者の合否を、ワーク終了後30分以内に出すことができる

④ パワーポイントで制作しているため文章や写真の変更・編集がしやすい

〈満足度向上〉

① 一方的に話を聞くだけでなく、参加型で会社への理解が深まり満足度が高まる

② 合否における納得感が高まり、不合格学生の不満が解消される

③ これ以降の面接でも話題にしやすく、説明会以降の選考会の満足度も高まる

入社意思「100%」でなければ「内定」を出してはいけない

結婚をするときに、相手の意思を無視して婚姻届を書く人はいません。人材採用も同じことで、相手の入社意思が100%に達していることが内定の大前提です。

ですから、企業側がへりくだって「わが社に入社してもらえませんか?」と下手に出るのは奇妙なことです。「ここに入社したい」「君を採用したい」とお互いに決めたうえで採用・入社しなければ後々不幸になります。就職活動において、選ばれる魅力を持たなければならないのは、企業も学生も同じ立場です。

学生が、他社と入社を迷っている場合でも、どこかの段階で明確に一社に決めなければなりません。自社に入社を決めるのであれば、他社の選考を終了させ、親にも了承をもらったうえで、「この会社こそ自分が入るべき会社だ」という確信を持って決断してもらえることが理想です。そこまでの決意がある学生であれば、内定を辞退することは考えにくいでしょう。

ところで、一般的な内定通知は、A4サイズの用紙1枚に、定型文をコピー&ペーストした文章が記載されているだけです。

「慎重に検討させていただきました結果、貴殿を採用内定させていただくことに決定いたしましたので、ここにご通知申し上げます」

これではあまりに味気ないのではないでしょうか。内定通知は、これから長い年月を共に働く仲間として迎え入れる相手に対するプロポーズの言葉です。もっと工夫されてもいいのではないでしょうか。

ここで、レガシードで内定が決まったA君の例を紹介します。

A君は、就職活動中に見事に大手の人材系企業から内定を獲得しました。ところが彼は、入社2カ月前にその内定を辞退したのです。そして私の元に、彼からのメールが届きました。

――レガシードで働きたい。

そこで私は彼に、外から見えるレガシードだけでなく、内側からも見てから決めてはどうか、と2週間のインターンシップを提案しました。そして彼が入社するための条件として、インターンシップ後の彼のプレゼンテーションを見た社員全員がOKを出すこと、としました。

もっとも、プレゼンテーションを待つまでもなく、彼のインターンシップ中の働きぶりは、既に社員たちを感動させていました。

――彼となら、ぜひ一緒に仕事をしたい。

全員がそう感じていたのです。

そしてプレゼンテーションが終了すると、その場にいた社員全員が立ち上がって拍手しました。この拍手は、彼の入社を認めるのと同時に、彼に出会えた喜びを表していたのです。

このように、彼のプレゼンテーションは、これから長い年月を共に働いていく仲間として迎え入れるにふさわしい、感動的な「内定通知の場」となりました。就職活動には様々なプロセスがありますが、信念と覚悟を持って自分が道を切り拓くのだということがこの例で分かります。

内定を伝える方法は、ありきたりの文面が印字された書類1枚ではなく、企業側からの期待や感謝が相手の心に届くような、記憶に残る場で伝えるべきです。そのような内定であれば、辞退される可能性を減らすことができます。

コラム いきなり結婚せずに、同棲期間を持つ選考がレガシード流

レガシードでは、採用を決定する前に必ずオフィスで一緒に働くようにしています。時期にもよりますが、短い人だと1日、長い人だと半年以上働いたうえで、お互いに、採用するか入社をするかを決めます。

レガシードの内定者の多くは、超実践型インターンシップ「REAL!」に参加して入社を決めています。もちろんそれだけの期間、一緒に取り組むということは、互いのいいところも分かりますが、課題や不足点なども当然目につくようになります。

人間にも「パーフェクト人間」はいないように、会社も「パーフェクト企業」はないので、互いにいい部分も課題点も受け入れたうえで、共に未来をよりよくしていけるかどうかを考えていくための期間を十分にとることを大切にしています。

第7章

究極の採用は、「採用活動をしない」こと

「入社したい会社」よりも「入社してよかった会社」に

私が以前勤めていた会社は「入社したい企業ランキング」に登場し、その後創業したレガシードも「インターン人気企業ランキング」に入るなどしています。

入社経験のない学生の憧れる会社というものは、ＰＲの仕方や魅せ方で創り上げることができます。しかし、経営をするうえで大切なことは、実際に入社している人が誇れる会社であるかどうかです。

私の自慢はレガシードの「社員」たちです。私たちのコンサルティングという仕事は決して

楽なものではありません。朝も早いですし、夜遅くまで働くこともあります。また、自分より経験のある経営者と仕事をしていくことが多いので、若手社員にとってはプレッシャーも大きいはずです。

しかし、イキイキと前向きに働いてくれる社員がたくさんいます。そんな社員たちに触発されて、一緒に働きたいという学生も多く出てきています。今の私の責務は、もっと社員が自慢できる会社にしていくことです。

「選ばれる会社」になることはもちろん、「選ばれ続ける会社」に進化させ続けることが、これからの会社経営では特に重要です。情報化社会となり、働き方の多様化が進む中で、転職や独立をする人材が生まれやすい環境があります。一度は選んでいただいて入社した社員に、ほかの会社や環境に行くのはもったいないと思われるような、また、仮に転職しても前の会社のほうがよかったなぁと思ってもらえるような会社づくりを、私は目指しています。

ですから、経営者としてやってあげたいと思ったことがあっても、それは決して独りよがりなことではなく、社員がありがたいと感じるものでなければなりません。

「世界一入社してよかったと言われ、永遠に愛され必要とされる会社になる」――これがレガシードのビジョンです。社員はもちろん、その家族、顧客や協力会社など、レガシードに関わる全ての人から、この会社を地球上にずっと残したいと言ってもらえる、価値ある会社を創り上げることを目指しています。そうすれば、採用活動をしなくても、必然的に一緒に働きたいという仲間が集まってくるはずです。

そして、「あの会社はいい会社だけど、入社するのはなかなか難しいよね」と言われる会社になることが理想です。実際、早くもこの理想は実現しそうです。それは、10人の採用に2万人が応募する会社になろうとしていることが示しています。

そんな狭き門を突破して採用された内定者であれば、自信を持てるはずです。

想いは、目に見える「カタチ」に表さないと伝わらない

入社してよかったという会社を創るためには、働きやすい環境をつくることによって、社員の能力や可能性をよりたくさん引き出すことが大切です。しかし、働きやすい環境を現場の社員がつくるのは難しいことです。これはやはり、経営者や幹部が築き上げる必要があります。

そして、働きやすい環境には、次の八つの「感覚」が組織の中に創られていることが必要です。

1. 経営者・上司との信頼感
2. 経営の方針・ビジョンへの共感
3. 仕事において役に立てているという貢献感
4. この仲間と一緒に働きたいという一体感
5. 評価や昇給・昇格に対しての納得感
6. 自分や組織が年々成長しているという成長感
7. 仕事の範囲と報酬の増加による期待感
8. 家族のように大切にされているという安心感

この八つの「感覚」の背景には、「愛褒必役感」というものがあります。人には、愛されたい、褒められたい、必要とされたい、役に立ちたい、感謝されたいという気持ちが根本的にあるのです。

そして経営者は、それらが満たされる組織環境をデザインしていくことが必要です。それも言葉で言うだけでは不十分なのです。目に見える制度・環境・言葉・ツールで〝カタチ〟に表すことが大事です。

社員を大切にしたい、豊かにしたい、と多くの経営者が口にします。しかし、それを経営者ではなく、社員が実感できる具体的な制度や環境としてつくられているかというと、未整備な会社が多いのではないでしょうか？

これから、創業以来の4年間でレガシードが行ってきた施策を紹介します。もしも、これらのアイデアに共感できるものがありましたら、ぜひ、参考になさってみてください。

① 社員を大切にするのは当たり前、家族までも大切にする

経営者の役割の一つは社員を一人前に育て上げることです。社員教育は子育てに似ていると感じます。親が子どもの教育に対してできることは、いい環境を作ることではないでしょうか。社員教育も同じです。企業は社員が成長する環境を用意する必要があります。

子どもが勉強したくないと思っているのであれば、勉強したくなるような環境を用意する必要があります。同じように、社員が自ら成長したくなるような環境を企業が用意すればいいのです。

経営者にとって社員とは何か、と問われたら、私は家族であると答えます。なにしろ起きている時間の半分を共に過ごすのですから。いや、もしかすると家族以上に長い時間を共に過ごしているかもしれません。

私は、良い家族とは、温かい人間関係があり、それぞれの価値観の尊重とお互いの応援があり、成長の機会があり、情報を共有して十分な経済力があることだと考えます。そしてなにより心身共に健康であることです。

また、社員が家族であれば、社員を大切にするのはもちろん、社員の家族も大切にしなければなりません。

●内定者の両親と社員の家族を招く「就職披露宴」

会社に入社するということは、共通の目的を持った仲間と1隻の船に乗り合うということです。これは結婚に似ています。お互いの思いを尊重しなければなりません。ですから、レガシードでは、思いを同じくしているのは社員だけではなく、その家族にもまた、会社の方針やビジョンにご賛同をいただきたいと考えています。

そこでレガシードでは、「就職披露宴」を催しています。ここでは、内定者と社員の家族を招待し、レガシードのビジョンや事業内容を説明することから始まり、最後は内定者から両親に手紙を読み上げる場を設けています。

手紙には、これまで伝えられなかった親への感謝の気持ちが綴られています。そして両親も私たちに応援の言葉をかけてくれます。

創業したての企業にわが子が入社することは、両親にとって不安に違いありません。ですから会社にお招きし、会社の現状と未来を誠実にお伝えすることで安心してもらいたいのです。家族が会社のことをプラスに思っているか、マイナスに思っているかで、社員がスランプで悩んだときに、両親からの声のかけ方が変わると思っています。

だからこそ、どのような会社であるのか、丁寧に説明させていただくのです。

●決算で利益が出たら、家族にも賞与を分配する「決算還元金」

レガシードでは、決算で利益が出ると、社員に賞与（ボーナス）が出るのはもちろん、社員の親や配偶者、子どもにも「決算還元金」として商品券が送られます。会社の決算で利益が出れば、社員の家族も潤うようにと設けた制度です。

送られた親や家族からは、

「レガシードからの、ステキな宝石をいただきました。貴女たちの一生懸命が詰まった金券！もったいなくて、どう使おう」

「びっくりしたよ、会社の利益を社員の家族にも還元だなんて、超サプライズすぎよ。近藤さんにお礼のハガキ書きます」

「本当に頑張っているから、母さんも嬉しいよ。何かあれば言ってきてね。ベリーのドレスか、素敵な遠近両用メガネを買おうかな？」

そんな嬉しい声が、社員の元へ続々と届いています。

この制度は、ベストセラーとなった『日本でいちばん大切にしたい会社』の著者で、法政大学大学院の坂本光司教授が著した『日本でいちばん社員のやる気が上がる会社――家族も喜ぶ福利厚生１００』（ちくま新書）の中でも紹介されています。

●社員の配偶者と子どもの誕生日には「メッセージ＆プレゼント」

私はレガシードの創業当時から、お客様の誕生日には花やメッセージを送っています。また、社員の誕生日にはメッセージとプレゼントを渡しています。

これまでは、社員が行きたい店をリクエストし、一対一で飲みながらお祝いをしていましたが、来年からはスーツをプレゼントすることに決めています。

また、社員の配偶者と子どもの誕生日には、お祝いと感謝のメッセージを送ります。社員が仕事に没頭できるのは、パートナーがサポートしてくれているからだと考えているからです。

子どもには、おもちゃや書籍が買えるギフトカードを送ります。子どもが働く親を応援してくれると力が湧くということを、私自身が知っているためです。

② 社員の健康を守り、ベストコンディションをキープする

最近、経営者として特に重きを置いているのが、社員の健康です。創業期は、そんなことを意識することもできないくらい、みんなが朝早くから夜遅くまで働いていました。休日もあまりとれず、いわゆるブラックな状況でした。

それでは今は完全にホワイトかと言われると、まだまだ改善しなければならないことがたくさんあると考えています。それでも働く時間や休みの時間、そして仕事の負荷具合を調整して管理できる体制になってきました。

退社時刻をルール化した当初は、創業メンバーからの反発がありました。もっと仕事をしたいと思っているのに、なぜ帰らなければならないのか、と。そのような社員たちでしたから、結局、家でも仕事をしようとします。そこで一時期はパソコンの持ち帰りを禁止したこともありました。

経営者には心身共にタフな人が多いと思われます。しかし、経営者が自分と同じ基準で社員のことを考えるとだめです。仮に、社員が「まだできます」「大丈夫です」と言ってくれても、それを安易に信じないようにしなければならないと自戒しています。

また、健康については、「労働時間」だけではなく、「食事」「睡眠」「運動」といった人間の機能性を維持、向上させるための3大要素も重要視できるように、まだまだ制度や環境を整え

ていかなければならないと感じています。

健康だけが全てではありませんが、健康を失うと全てができなくなってしまいます。

●ランチは2人ペアの交代制で「社食」をつくる

ユニークだと思われるかもしれませんが、レガシードではオフィスでカップ麺などのジャンクフードを食べることを禁止しています。個々人が何を食べるかは自由ですので、オフィス以外で食べることまでは制限していませんが、社員に健康と栄養を考えてほしいという私の想いを制度にして伝えているのです。

若い頃はお金もなく、時間も無駄にしたくない気持ちがありますから、昼食をコンビニ弁当やカップ麺ですませがちです。そのような傾向を少しでも抑制するために、レガシードではオフィスに簡易キッチンをつくり、週2〜3回くらいの頻度で二人ペアの交代制で社食をつくるようにしています。

さすがに繁忙期には社員が全国を飛び回っていることが多いため、必ず実施しているわけではありませんが、そうでないシーズンは社食をみんなで揃って食べるようにしています。

社食をつくるために、当番となった社員は朝から食材を仕入れ、仕込みをします。そして、社員が美味しいと唸る健康的な食事を届ける役割を担います。限られた時間と予算で、みんなを喜ばせる食事を振る舞うという行為には、コンサルタントとして必要な感性を養うことにも役立つと同時に、ペアで食事をつくりながら社員同士のコミュニケーションを深める機会にもなります。

●残業削減に経営者自ら本気になる「残れ9《ナイン》」制度

レガシードの勤務時間は、8時半始業の18時定時です。みなし残業を45時間入れているので、残業は19時までは申請しなくてもよいことになっています。しかし、それ以降の残業は上司の許可がないとできません。

上司は、社員の月間の稼働時間を把握しながら、働く時間の調整を行います。そして、「残れ9」という制度により、残業は21時までを上限とし、それ以降はオフィスに残ってはいけないと決めています。

社員の一部からは、自分は夜型なので夜残れるようにしてほしいという要望を受けたこともありますが、私には朝型の組織のほうが絶対に強いという確信があることと、仕事が終わった後の時間を、自分の成長のための投資の時間や、プライベートを満たす充実の時間にしてほしいと思っているため実施しました。

「残れ9」を続けるためにも、生産性と付加価値の高いサービス提供ができる組織環境をつくることが、経営者の重要な責務となります。経営者が社員の残業を減らしながらも、今よりも利益を上げると決めることがスタートです。

とはいえ、レガシードにおいても、繁忙期にはこの制度が機能しなくなることが多々ありましたので、今後は、繁忙期であってもルールが徹底される組織に進化させていきます。

●年に1回長期休暇を推奨する「ブレイク14」

レガシードには、年に1回、有給なども活用して最大14連休をとれる制度があります。これは、1年に一度はリフレッシュして英気を養ってもらいたいという気持ちと、自分の人生を再設計してほしいという想いをカタチにしたものです。

家族がいる場合は、家族旅行など子どもやパートナーが喜ぶ時間をつくってほしいのです。そして、若手のメンバーには、自分自身の人生の目標や計画を見つめなおして、次の1年をいかに生きるかをイメージする時間にしてほしいと思っています。

私の若い頃は、長期休暇を新商品の提案書や、新しい事業計画書を書いて経営陣に提案する仕込みの時間に使っていました。まだレガシードではそういった社員は現れていませんが、いずれ現れたら後継者候補にするつもりです。

それはともかく、長期休暇をとると、より質の高い仕事をして価値を生み出し、その成果として報酬を得て、再び休暇を楽しめるという循環ができるため、自分が働いている環境への感謝が生まれます。

スピードを争うＦ１レースでも、定期的にピットインが行われます。ピットに入らないほうがロスなく速く走れるのではないかと思いますが、ピットに定期的に入って、すり減ったタイヤを交換したり、作戦を変更したり、給油したりすることで、持続的に速く走れる状態をつくるわけです。

人間も一緒です。ピットインすることで、長くいい状態で走れる心身のメンテナンスが可能になるのです。

③ 毎日の働く拠点のオフィス環境をデザインする

オフィスになるべく費用をかけたがらない経営者が多くいます。理由は単純です。オフィスにお金をかけても直接的に利益を生まないためです。固定費を抑えるのが経営の基本だということです。

しかし、私はオフィスを構えるときに、なるべく家賃の安い大きめのオフィスを借りて、内装のデザインにはこだわろうと思いました。都内で候補に選んだエリアで交通の便がよく、少しいいビルは坪単価2万8000円／月くらいでした。そこで坪単価1万5000〜1万8000円／月で候補地の3キロ圏内を足で探しました。

100坪のオフィスの場合、坪単価1万5000円と2万5000円では、初期費用で6000万円の違いが出て、家賃では年間1200万円も違ってきます。5年で考えれば6000万円以上の差が出るのです。

私はオフィスが新しいビルに入っていることよりも、デザインと機能性に富んだ、自慢したくなるようなユニークなオフィスをつくったほうがよいと考えました。そして、ネットに出ていない物件まで歩いて探し、見つけたのです。

そこは東京・JR田町駅、都営浅草線・三田線から徒歩5分で坪単価1万5000円／月の少し古い印象のビルでした。しかし私には理想の物件でしたので、即決で借りました。オフィスフロアの内装費と什器費にも6000万円ほどかけました。その結果、「IBASHO編集部が選ぶおしゃれで、かっこいいオフィス20選」で選ばれたり、映画の撮影にも使われたりしました。

レガシードのサービスに興味を持ち、問い合わせてこられる企業に対して、私たちは営業には行きません。まずは自社のオフィスにお越しいただくよう提案します。お客様を呼びたくなるほどのオフィスがあるため、社員は自信を持って「まずはオフィスにお越しください」と言えるのです。

その結果、営業のための移動時間と経費を削減できると共に、足を運んででも話を聞きたいという企業の方がお越しになるので契約確率も上がることになります。

●「都会の秘密基地に宇宙船!?」自慢できるオフィス

レガシードのオフィスは、「都会の秘密基地」をコンセプトにした、異空間を想像させるものです。初めて来社する方は、外観とオフィス内とのギャップに驚かれます。

エントランスは藁《わら》のトンネルになっており、扉を開けるとマダガスカルのバオバブの樹があります。永遠に命をもつ樹と言われ、レガシードのビジョンを代弁しています。

また、オフィススペース、バースペース、カフェスペース、シークレットルーム、談話スペースなど、用途に合わせて利用場所を変えられるフリーアドレス制になっています。ですから、社員はその日の気分や仕事内容によって、場所を変えて仕事に励んでいます。

オフィスの上のフロアには、「スペースキャリア」と呼ばれる宇宙船のような就活ラウンジがあります。そこは単にデザインがカッコいいだけではなく、一つひとつのスペースや置いてあるものに意味やストーリーを込めているため、社員は見学者に誇らしげに解説しています。

「オープンカンパニー」で訪れた学生も、こんなオフィスで働きたい、と口を揃えて言います。

オフィスも他社との重要な差別化要素です。戦国時代に城が重要だったように、会社はもっとオフィスを重視してもいいのではないかと考えます。オフィスも口コミのネタの一つになるのです。

●仕事によって場所を変える「チェンジスペース」

コンサルティング部門のメンバーの多くは、集中して仕事に取り組みたいときはバーススペースやシークレットルームで仕事をしています。また、電話をかける際は個別ブースに入っていったりします。

一方、クリエイターチームからは、静かな環境でモノづくりがしたいという要望があったので、真っ白な空間で集中して制作できるクリエイターだけの部屋を設けました。

社長室もありませんから、私も毎日いろいろな場所で仕事をしています。気持ちを変える手っ取り早い方法が、場所を変えることだと思っているためです。ですからオフィスの中には、気持ちを変えられる場所をいくつも創っています。

今後はジムやヨガ、精神統一の場などもあるといいなあと考えています。また、来社されるお客様や来社の目的によっても、打ち合わせる場所を変えます。

アイデアが生まれやすい場所、契約をとりやすい場所、要件を早く終わらせるための場所など、工夫の余地はまだまだあります。

●定期的にオフィスを進化させる「ディズニー制」

オフィスは、一度つくってそのままだとマンネリ化します。最初は斬新でも、毎日使っていると人間は当たり前になっていきます。ですから、1年に一回は改装します。新たなスペースをつくったり、機器を変えたりしてオフィスを進化させるのです。

最近では、弊社の10のフィロソフィーが書かれたパネルを設置したり、壁一面をホワイトボードにして靴を脱いでクッションにもたれながら意見を交わせるスペースをつくったり、床を塗り替えたりモニターを増設したりしました。来期はオフィススペースのデスクと食器類を一新しようと企んでいます。

ウォルト・ディズニーも、「ディズニーランドは永遠に完成しない。世界に想像力があるかぎり、成長し続けるだろう」と語っています。

これからも、社員が毎日来ても、顧客や学生が何度来ても、常に新しい発想で飽きさせず、次もまた来たいと思ってもらえる場所にしていきます。

④豊かな人生が歩めるように、給与水準の高い会社にする

働くということは生産活動であり、価値を生み出し、その恩恵として報酬を得る行為です。そして、働く時間以外の消費活動で欲しいものを買えたり、行きたいところに行けたりする人生を、社員には得てほしいと思っています。

私は創業当時から、業界で一番給与の高い会社を創りたいと決めていました。創業期は人事考課制度も報酬体系も明確ではなかったので、新卒で入社して2年目の昇給で月8万円増額になる者もいました。1年目の社員には給与の3倍、2年目は4倍、3年目は5倍以上の価値を生み出すようにと伝えているので、給与分の仕事さえしていればいいという発想を持つ者は一人もいません。

各自が黒字人間になれるように、期間内に自分がどれだけの利益や価値を生み出したかを考える文化がレガシードにはあります。

また、私は会社員のときに30歳までに1000万円の年収をとれる自分になるという目標を掲げていましたので、社員にも同じように実現可能なキャリア制度をつくっています。

●30歳までに「年収1000万円」の道を描けるように

創業5年目を迎え、人事制度、報酬体系、キャリアプランを明確に定めました。毎年、期待

役割を果たし、成果を出しステップアップしていけば、30歳で大台に乗ることができます。もちろん容易《たやす》い道ではありません。

大事なことは、将来への見通しだと思っています。自分がどの立場で、どれくらいの仕事をしたら、いくらくらいの給与になるかを示すことが大切です。今後は、社員の給与も公開できるように準備をしています。好き嫌いに関係なく、透明性のある給与制度を確立することで、入社を検討している学生にも将来のキャリアイメージについて年収の数字も伝えながら具体的に話せるので説得力が増します。

私は、自分が社会に出てからの給与所得の源泉徴収票を全て保存しています。毎年、年収が上がっている自分を創りたいと思って仕事をしていました。ですから社員にも毎年、年収が上げられる状況を創りたいと思っています。

●「価値換算」で自分の仕事を金額換算する習慣づくり

「あなたの仕事が生み出す価値はどれくらいですか？」

この質問に自信を持って答えられる人は少ないでしょう。ましてや新入社員には難しい質問です。しかし、仕事をするうえで、その仕事の価値が分からないのでは、責任感や張り合いが持てません。

そこでレガシードでは、各社員が内定時代から自分の仕事の価値を実感できるように、「Legasheet（レガシート）」という価値換算表を月初に作成します。そして、今月、自分がどのような仕事をして、どれほどの価値を生み出すのかという計画を立てます。

このことで、自分の成長状態を実感しながら、「仕事にこだわり、やりきる」という感覚を養っていきます。自分が生み出せると考えた価値と現実のギャップにショックを受けることもありますが、社会人になったばかりの段階で、自分が会社や社会にどれだけ貢献できているのかということを意識するきっかけを作ることができるのです。

このような取り組みをすることで、内定者は入社初日から成果を出せる社員に近づいていきます。そして、当社では入社時の段階でできることによって、初任給も23〜30万円の間で人によって違いが生じます。

内定期間中は何をしていても自由ですが、入社に向けて準備をし、訓練をした人材は給与の面で優遇されるということです。

●入社3年目でも「3桁の賞与」がもらえる

レガシードでは入社3年目には3桁の賞与がとれるようにと、人材育成をしています。コンサルティング部門で7社の担当を持ち、全社を成功に導けば実現可能な数字です。また、当社は決算賞与を年に1回支給しています。これは一度に多くの額をもらえるのでインパクトがあります。

もちろん、会社に利益が出ない場合は分配しないと伝えています。賞与は出るものだと思わせず、社員が工夫して利益を出せば還元されるという文化づくりも大切です。

賞与の渡し方も工夫しています。創業期には、新卒1年目のメンバーに渡す賞与を二つの封筒からどちらか一つを選ばせました。中身は見えないようにしてありますが、一つは分厚い封筒で、実は千円札が300枚入っています。もう一つは薄い封筒で宝くじが10枚入っています。結局は両方とも渡しますが、最初はどちらかを選ばせるので、選ぶときと開封するときにワクワク感とドキドキ感を楽しめます。

厚い封筒の中身をあえて千円札にするのは、自分が過去に賞与を現金300万円で受け取ったことがあり、そのときに封筒の厚みと重みに感動したことがあったためです。その気持ちを、社会人として初めて賞与を受け取る際に味わってもらいたいと思いました。

彼らには、10年後には千円札を1万円札に替えられるように頑張ってほしいという願いも込めています。そしてもう一つの封筒に宝くじを入れたのは、単に賞与を受け取ったときだけでなく、その後もしばらくはワクワクしていてほしいという遊び心です。

インターンシップに来ていた学生が、レガシードのユニークな賞与授与の様子を見て、「こんなサプライズあふれる会社で働けることを嬉しく思い、先輩方のような賞与授与の日を夢見て価値創造に励もうと誓いました」というメッセージをくれました。

⑤社員が成長できるように、教育投資を惜しまない

報酬以外で会社が社員に還元できることの一つは、社員の「成長」です。いかに市場価値の高い人材に育成するかがポイントです。レガシードは新卒を中心にした組織ですので、ビジネスや働くこと、組織について一から教える必要があります。その中でも一番大切なことが価値観、すなわち意思決定基準を合わせていくことです。

この基準がズレると問題が生じます。したがって、「言葉の定義」「ルールの認識」を合わせ、次に成果を出すために必要な「知識」や「経験」を積ませていくことが肝心です。

知恵はよりよい情報との出会いから生まれます。これからの時代は知恵を生み出せる人間しか生き残れなくなるでしょう。「知恵を出せ」と言っても、知恵を出せるだけの情報の引き出しを持っていなければなりません。

そして、会社のお金を増やすための投資として最も価値があるのが、社員への教育投資です。私もこれまではコンサルタントとして現場に入ることが多かったのですが、今年からは現場に

は入らず社員教育を徹底し、社員の資格認定制度を確立します。

つまり、これからはお金だけではなく、自分の時間も社員の育成に使うことを重視していきます。

●言葉の定義をすり合わせる「早朝勉強会」

平日の毎朝7時45分から8時15分までの始業前30分間に、社内で早朝勉強会を開いています。もちろん、社長である私は毎回参加ですが、社員には強制していません。

参加するとスタンプを一つ押してもらえ、50個たまると2万5000円もらえます。勉強会に参加することでお金をもらえるとは、なんだか妙だと思われるかもしれませんが、朝早く起きて参加してくれたことへの感謝金なのです。

この勉強会で何をするのかというと、言葉の定義をみんなですり合わせます。たとえば、「今日中」とは23時59分ではなく、レガシード用語では16時まで。「行動」とは、すぐやる、ちゃんとやる、できるまでやること、などです。ほかにも至急と大至急の違いや、成長と膨張の違い、求める人材要件、クレームなど、社内で使われている言葉の一つひとつの意味合いを確認し合っていきます。

以前、私は社員にストレスを感じてしまうときがありました。それは、言葉が伝わらないときでした。一つの単語でも意味の取り方が人によって違うと、会話が成り立ちません。逆に言葉が揃ってくると、安心してまかせることができるようになります。

●自分の学びたいことを申請できる「学び投資」

自分のスキルアップや知識を高めるための講座に参加したり、教材を購入したりしたい場合は、部門会議で承認が得られれば、年間104万円まで会社が負担するという制度を設けており、「学び投資」と呼んでいます。

この制度を利用し、Webデザインを学ぶためにスクールに通った社員もいれば、映像を撮るためのカメラを購入し、プロの編集者のコンサルティングを受けたケースもあります。このように、もっと自分の力を磨きたいという意欲のある人材に投資をしています。

さらに、オフィスフロアの本棚には約1000冊もの書籍が並んでおり、常時貸し出しをしています。それらは私が大学時代から購入した書籍なので、社員は私の思考のルーツを探ることもできます。社員だけではなく、学生も借りられます。学生は借りるとまた返しにオフィスに来てくれます。こうして学生が何度もオフィスに足を運ぶ材料にもなっているのです。

私は、毎朝早朝に、自宅で朝風呂に入りながら書籍を読みます。1週間に1冊は読み終えます。インプットを増やせば、アウトプットの質も高まるためです。社員の日報などを読みながら、きっとこの本が解決のヒントになるよ、と勧めることもあります。

●自分がどこまでできるかを見える化する「社内資格認定制度」

創業期は、社員が同行しているときに口頭で教育していました。つまり、直接口伝《くでん》していたのです。毎年2~3名の入社であればこの方法でも問題はありませんが、10名以上になってくると難しくなってきます。

そこでコンサルティング部門のスタッフ向けの教育プログラムをつくり、社員は一つひとつのテーマを受講して、試験で合格するまでは業務を一人で遂行してはいけないことにしました。中途採用の人材に関しては、このプログラムを試用期間の合否基準にも使っています。

組織の規模が成長するにつれて、自分たちの仕事の理想の業務の仕方を棚卸しし、誰もができるレベルに標準化して教育プログラムに落とし込むことが求められます。また、ルールやマニュアルは、新人にベースをつくってもらうほうが、記載が細部にわたるという効果がありま す。ベテランがつくると、これくらいはわかるだろ! というふうに簡素なものになりがちだからです。

そして、これまでは一人で活動できるコンサルタントを養成することを重要視していましたが、まずは80点以上のコンサルティングができる人材を数多く基礎教育し、そこから100点、

120点にもっていくための現場教育を進めることが、究極の差別化だと捉えるようになりました。

基礎教育こそ社長の任務の一つだと考え、実践しているところです。

⑥賞賛を大切にし、フィロソフィーを浸透させる

私たちの会社は注意や指摘も即時に行うことを大切にしていますが、賞賛も日々行うことを重視しています。レガシードでは「賞賛の灯」と称して、六つの讃えるべき行動が定義されています。

1. 言われる前に想像を超える行動をとる
2. 人を喜ばせ、感動を与える行動をとる
3. 成果にこだわりきる行動をとる
4. 今までにない新しいものを生み出す行動をとる
5. 誰かのために本気になった行動をとる
6. 次の世代に本質を継承するための行動をとる

これらの行動が感じられた際には惜しまず賞賛します。そのことで仲間の行動に関心を寄せると共に、どういった行動が具体的にレガシードにとってグレートな取り組みなのかを、みんなで共有することが大切だと考えているためです。

●社長自ら日報に「直筆コメント」をする

私は朝の6時から6時半の間に出社します。そして、社員の日報にｉＰａｄのペン機能を使って直筆でコメントを書き込み、画像にして社員一人ひとりに送信します。

以前は、日報に「Talknote」というシステムを利用していたため、「いいね」を押したり、コメントを簡単に書いたりするくらいでした。しかし、ある経営者が毎日直筆で業務指示をしていると聞いて、私も書くスタイルに変えました。すると、書いたほうが明らかに伝わる文章になります。

かつてはキーボードで打つことで、無意識に簡潔なコメントですませてしまう自分がいましたが、手で書くと自然と背景なども含めて書くようになります。こうすることで社員の日報の質も上がってきたのです。

現在はまだ社員数が少ないので私が全ての社員に対してコメントを書いていますが、今後は社員数が増えてきますから、各部門の責任者がメンバーにしっかりとコメントできる文化を創っていきたいと思っています。

何がいい行動で、何が悪い行動なのかを新卒社員には日々伝えながら、本人が成果に向けてPDCAをしっかりと回していけるように支援していくことを、各部門の上司も日々やっていく必要があると感じています。

❺毎日、前日の仲間の行動を讃え合う「賞賛朝礼」

レガシードは毎朝8時半から環境整備を行い、8時40分から朝礼を行います。朝礼では理念やフィロソフィーの唱和をした後、昨日の業務の中で社員がとった行動で、「賞賛の灯」や「10のフィロソフィー」に該当する社員がいた場合は、具体的にエピソードを交えて賞賛をし、拍手をして讃え合います。

たとえば、「インターンシップ生のメンバーが、遠隔からの依頼だったにもかかわらずA社の会社説明会への誘致コールを手伝ってくれて、予約数を増やしてくれた。誰かのために本気になった行動を賞賛！」「お昼のホッと一息つくタイミングで、好みのカフェオレを作って持ってきてくれた。人を喜ばせる行動を賞賛！」「名古屋支社のメンバーが忙しい中でも東京のメンバーのことを気にかけてくれて制作物を手伝ってくれて感謝！」などです。

●創業日に行う表彰イベント「レガシード・アワード」

11月11日の創業記念日には毎年、「レガシード・アワード」というイベントを開催しています。この日は参加者全員がドレスコードを守り、レガシードの社員や内定者、インターン生が集うことで、1年間のみんなの活躍を讃え合います。また、「10のフィロソフィー」の各行動を最もとったメンバーを投票で選んで表彰をしたり、最も成長が著しいメンバーに「MVP」を贈ったりします。

お客様から評価をいただくことも嬉しいことですが、一番身近な仲間から評価されることも格別の励みになります。ですから、若手メンバーはここで表彰されることを目指しています。また、「心の花束」という仲間への感謝や期待を書き込んだメッセージカードを渡し合うこともしています。

⑦会社の戦略・作戦・戦術を明文化する

私は社員を家族同様に思っていますし、社員も同様に感じてくれるといいなと思っています。そして、社員の家族からも「いい会社に入ったね」と言われるような環境を作ることが、私の役目だと思っています。

就職とは、同じ目的地に向かう船に乗り合わせることです。船の中には、帆を立てる人や舵をとる人など様々な役割がありますが、お互いに協力し合って同じ場所を目指してこその会社です。

ときどき、「私の役割は帆を立てることですから、ほかのことはしません」と言う人がいます。全員が同じ方向に進むために、できることで貢献し合うことが重要ですから、自分ができることであれば臨機応変に何でも協力することが大切です。

そのためにも、会社が目指すべき未来を明確にし、どのような作戦や戦術で現実にしていくかという役割と行動計画を明確にし、共有することが大切です。

●会社の未来を社員に約束する「経営方針発表会」

期初に、全社員、顧問やアドバイザー、銀行の支店長もお招きして、「経営方針発表会」を実施しています。その場では、代表の私から会社のビジョン、5カ年計画、新商品や新体制の発表をします。また、各事業部の責任者が事業部の1年の方針を発表します。そのうえで、参加者も交えてワークショップを行い、現場社員の仕事に対する姿勢や考え方を参加している方々と共有します。

銀行関係のみなさまには、社員の仕事への意欲やチームワークを見ていただくことで、会社としての定性的評価が高まる機会になります。創業して5年目となりますが、弊社のビジネスに共感くださり、五つの金融機関から融資してもらっています。

たとえ1年間売上が全くなくても会社が潰れないだけの資金力を得ることができたのは、経営計画をもとに未来を見据えて着実に利益を出す経営をしているからこそです。

●会社の方針・ルール・計画をまとめた「COMPASS（コンパス）」

この中には、会社の長期事業構想から、今期の方針、数値目標だけではなく、社内のルールや基準までが書かれています。そのため社員は何かあればこの手帳に立ち返り、何をすべきか、何はしてはいけないか確認できるようになっています。会社にとって、必要な情報が集約されることによって、迷いの時間を取り除くことができます。

また、採用活動においては候補者に会社を説明するツールとしても活用できます。新卒の場合は、ご両親に見ていただくと安心されることが多いです。小さな名の知れない会社だからこそ、ガラス張りで会社の数字状況を見せ、未来に進む方向を具体的に示すことが大切なのです。金融機関の皆様にも毎年、この「COMPASS」をリニューアルしたものをお渡しし、業績の報告だけではなく、未来の成長戦略をしっかりとお伝えします。これが融資審査の材料にも活用いただけます。

今では、手帳のみならず、ｉ－Ｐａｄを全社員に支給してオンラインで情報を閲覧できるようになっています。紙の手帳と違い、方針や施策もリアルタイムに更新ができ周知できるメリットがあります。具体的な中身や効能は、日本経済新聞社より２０２１年４月に発刊された『一瞬で社員の心に火をつけるシンプルな手帳』に、詳しく書いていますので是非ご一読ください。

●３カ月単位で収益向上のための作戦を共有する「３カ月作戦」

毎年、1年単位で経営上の作戦を立てて共有していましたが、1年ではタームが長いと感じるようになりました。そこで現在では、３カ月ごとに作戦を立てて、みんなに実行してもらうようにしています。

当社のコンサルティング部門では、5～7月は既存顧客への次年度提案と紹介出しで受注をとることに集中します。8～10月は、新規顧客への受注をとるために提案業務に集中します。11～翌1月は、契約をいただいた企業の採用設計と採用に関わる制作に集中して準備をしっかり行います。2～4月は最も繁忙期であり、実行支援や数値目標を達成させるためのオペレーションの運用・支援を中心に行います。

ここでは去年の数値を踏まえ、今年の目標を具体的数値で定めて、全員で目指します。その際、常に収益を生み出すことが意識から外れないようにします。

どんなスポーツでも、選手たちはスコアボードがあるので点数を取るために行動します。仕事も一緒です。曖昧なゴールに進ませるのではなく、明確な数値目標をもって取り組んだほうがうまくいきます。


以上、レガシードが実際にやっていることをいくつか紹介してきましたが、まだやり始めたばかりのこともありますし、私自身も胸を張ってこうすれば絶対にいい、とはまだ言えないものもあります。したがって、日々試行錯誤しているところでもあります。

ただ心しておかなければならないことは、何を社員にやってあげたいかを経営者の独りよがりで考えた制度は、社員にとってプラスに感じられないということです。本当に社員が求めているものを理解したうえで、それを叶えられる制度が社員にとってはありがたいものになるのです。

経営者は、社員を幸せにする会社へと進化させ続ける

ここでレガシードの経営ビジョンを紹介します。

〈経営ビジョン〉

世界一、入社して良かったと言われ
永遠に愛され必要とされる会社になる

社員からも、その家族からも、お客様からも、社会からも
愛され必要とされ続ける永遠に命をもつ会社になる。
そして、世界で最も「Legaseedで、はたらけて本当に良かった」と
心から言ってもらえる会社になる。

その結果、私たちの会社には、たくさんの人が入社したくなる。
そのためにも人の雇用を増やせる会社づくりを目指す必要がある。
そういったビジネスモデルを確立する必要がある。
そして、時代の変化と共に、革新的な事業を次々と起こしていく必要がある。

人を雇用することはリスクではなく、世界を変える可能性を広げることにつながる。

Legaseedで、はたらいている人の数が世界一。

ちょっと想像してほしい。

もしかしたら、国境を超え、人種を超え、言語を超え、価値観や宗教を超えて人が繋がれる平和な地球づくりに貢献できるかもしれない。

採用活動は、仮に人が採用できなくても価値がある

私たちがコンサルティングしている企業の経営者の方々から、よく次のように言われます。

「この採用活動なら、仮に採用できなくても、やった価値はあるね」

これに対して、私は次のように答えます。

「いえいえ、必ず採用できるようにサポートします」

これはプロとして当然の答えです。私たちは、クライアント企業が、必ずいい人材を採用できることを目指しています。

しかし、経営者の方々が言われる言葉は、正しくもあるのです。なぜ、このようなことをおっしゃるかというと、それは私たちが人材採用に関わることで、副次的にいい変化が会社に起こるためです。

私たちが人材採用をお手伝いする際、いい人材を採用するためにクライアント企業にはまず、自社を見直すことから始めてもらいます。その過程で、自社の強みが改めて明らかになり、そのことで経営者をはじめ社員全員が仕事に対して積極的になり、その結果会社が変わったと感じられるようになります。

つまり、採用活動を真剣に行うことで、会社の未来を真剣に考え、そこで改めて明確になったビジョンに向かって、社員の仕事に対する考え方や姿勢、会社の各種制度・環境、そして社員同士の関係性が改善されます。

これは、採用活動を通じて会社が改革されるという結果を生み出している状態です。このような効果が出るため、経営者の方々が「仮に採用できなくても、やった価値はあるね」と言われるのです。

しかし、このような言葉が経営者から出たときは、いよいよいい人材にとっても魅力的な企業に変わりつつあるという段階ですから、私たちはこの言葉を聞くと、「よし、いよいよだ」と感じることになります。

コラム

「立場」はあっても「肩書」で溺れない！

レガシードの名刺には肩書を明記していません。もちろん、人事管理上は肩書がありますが、それを意識しない社風にしています。実際、私も社長という肩書を明記しておらず、社内でも「社長」と呼ばれずに「近藤さん」と呼ばれています。

そのため、訪問先企業の方と名刺交換をすると、先方は誰が代表者なのか分からず、一瞬とまどうことになります。このスタイルがいいか悪いかまだ実験中ですので、今後はどのようなスタイルになっていくかわかりません。

このようなスタイルを採用した理由は、自分が会社員時代だったときに、周りの人が昇格や降格のたびに肩書が変わり、そのつど呼び方を変えなければならなかったことに違和感を覚えたからです。

そのため、レガシードでは昇格や降格といった概念は存在しません。あるのは、役職の肩書が変わることに合わせて責任範囲が変わることだけです。そのことで、その人の存在価値が変わるわけではありません。状況に応じてチャレンジできる領域が、広まったり狭まったりするだけです。

新入社員という肩書を与えると、人は甘えます。リーダーやマネージャーという肩書を与えると、ほかの人たちがその人たちに依存するようになります。レガシードでは全社員がリーダーであるという超・当事者意識を持つ集団でありたいと思っています。

ですから、当面は肩書がない状態を続け、自分の立ち位置は自分で創り出すという精神を大切にしたいと考えています。

エピローグ

「はたらく」を「しあわせ」に

親父の死から学んだ、生きる意味

私が高校1年のとき、父親が亡くなりました。私はその瞬間を目《ま》の当たりにしたのですが、悲しいとか辛いという感情以上に、人生はなんとあっけないものなのだろう、と思ったことを覚えています。

そして、人は必ず死ぬのだな、と実感しました。

母は隣で泣き崩れていました。朝の8時頃のことです。私は息が詰まりそうだったので、外の空気を入れようと窓のカーテンを開けました。

そして驚いたのです。

窓の外には、いつもと全く同じ日常がありました。子どもたちが学校に向かい、サラリーマンが足早に会社に向かっています。

そうです。私の父親が死んだというのに、そこにはいつもと全く変わらない日常が淡々と繰り広げられていたのです。

この当たり前の現実に、私は衝撃を受けました。私が死んでも、同じように日常は過ぎていくのだと気づいたのです。それならば、私が生きる意味とは何だろう——。

私はその答えが見つかるかもしれないと思い、旅に出ました。その途中で大阪に立ち寄り、岡本太郎氏の「太陽の塔」を見て感動します。

——そうだ、僕も塔を立てよう。

特に理由はありません。感動が衝動に変わったのでしょう。なにか「創らなければ」という思いが自分を突き動かそうとしていました。ちょうど高校は文化祭の50周年を迎えようとしていたので、それを記念する塔を立てることを学校に提案しました。ところが学校側からは、「学校は塔を立てるところではない」と、却下されます。

しかし、諦めきれません。なにか、とても大切なミッションだと感じたからです。そこで、影響力のある先生や教育委員会の人にお願いし、応援してほしいと頼みました。

すると、なんとか学校側から許可が出ました。しかし条件つきです。

「塔は卒業までに撤去すること。校則は守ること」

そこで校則を確認すると、下校時刻が記載されています。

——これでは放課後に十分な作業ができない。

そこであることを思いつき再び校則を確認すると、登校時刻に関する決まりがないことに気づきました。

——これだ。

私は10人以上の仲間を集め、深夜0時に「登校」して学校に集合することにしました。そして毎日作業を続け、とうとう1週間後に塔を完成させたのです。

不可能を可能にしたと感じた瞬間でした。同時に私は、自分だけの価値をこの世に産み出したと実感したのです。これこそが生きる意味ではないだろうか。

そして閃きました。

自分がいなくなったら世界が困るくらいの価値を創造することを「超越」と名づけよう、と。

それから月日が経ち、会社勤めをしているときにふと思います。既に27歳になっていました。

——私は、自分がいなくなったら世界が困るくらいの存在になることを目指すのではなかったか？

しかし――、と思いました。たとえ自分が死んでも、ほかの誰かに自分たちにしかできない価値が受け継がれて創造され続けていくことが大事ではないかと。

それを今度は「超超越」と名づけました。

私は今、自分一人だけが生み出せる価値ではなく、集団としての価値を生み出せる仕組みを作ることを考えています。人はいつか死ぬけれども、組織であれば受け継がれていく。そんな組織が価値を生み出し続ければ、世界になくてはならない存在が受け継がれていくだろう、と。

所属はレガシード、舞台は地球

野球選手にとっては、どこの球団に所属しているかということよりも、野球界で活躍できることのほうが大切でしょう。たとえ現役選手としてプレーできなくなって引退したとしても、野球に関わる仕事を続けられれば充実した人生であるに違いありません。

同様に私たちは、特定の企業に所属していることを誇りに思えることも素晴らしいですが、それ以上にそこで行っている仕事自体に誇りを持って従事できれば、活躍の舞台は企業を超えることができます。

つまり、会社という胸を借りて、自分にしかできない、自分だけの価値を生み出して社会に貢献できているという実感が得られれば、その時点で舞台は企業の枠を越えているといえるのです。

たとえば、小さなソフトウエア開発企業に所属していたとしても、世界中の人の役に立つアプリを開発してリリースできれば、そのプログラマーは世界を舞台に活躍しているといえるのではないでしょうか。

レガシードは、「組織の人事変革で地球と人を輝かせる」活動をしていると自負しています。会社をよくしなければ人は辞めていくので、いい人材を採用しようとすれば、おのずと今いる社員が輝いている会社にしていかなければなりません。

その際、小さな会社という枠の中だけでなく、地球規模で物事を考えてみてはどうでしょう。すなわち、採用活動とは、人を輝かせ、世界を変えていく活動でもあるということです。

10年後、レガシードは社員1000人以上、売上200億円以上を目標にしています。もちろん、入社してよかった企業のナンバーワンになることも目指しています。世界一入社してよかった企業として、永遠に愛され必要とされ、永続できる企業を目指しているのです。

現在でも、多くの素晴らしい学生たちがレガシードで働きたいと言ってくれていますが、より多くの人を雇用できるビジネスモデルを作り上げることで、レガシードで働いている人が世界一多くなることを目指しています。

「しあわせ」とは何か？

私たちレガシードの企業理念は、「はたらくを、しあわせに」です。

1日が24時間であることは誰にも平等です。その24時間から睡眠時間とプライベートな時間を引いた残りの時間が働いている時間となります。

睡眠時間をより幸せにしようとするのなら、枕や布団、ベッドなどをより快適なものに変えることで実現できるかもしれません。また、プライベートの時間は、みなさん好きなように使えるわけですから、基本的に幸せな時間を過ごしているはずです。もちろん、好きでもないことに付き合わされたり、トラブルに巻き込まれて困難に陥ったりしているといった状況もありえますが、それらは常態ではないといえるでしょう。

となれば、残りの働いている時間を幸せにできれば、人は1日中幸せに過ごせるのではないかと私は考えました。

私が考える「しあわせ」とは、楽しいとかワクワクといったものとは違います。外科医が手術をしているときに、笑いながら楽しそうに手術はしないはずです。1ミリ1秒のミスも許されない環境で、集中して手術に向かっています。つまり、手術中に楽しく仕事をするという感覚ではありません。

では、医者はいつ「しあわせ」を実感するのかというと、手術を成功させて患者やその家族から、「先生のおかげで命が助かりました。本当にありがとうございます」という言葉をもらったときではないでしょうか。そのときこそ、仕事のやりがいと達成感を感じるのではないでしょうか。

私が考える「はたらくを、しあわせに」とは、仕事で価値を生み出し、誰かの役に立ち、喜んでいただき、自分の存在価値を感じられる瞬間にあるものだと思います。そんな価値観を共有できる人材を世の中にたくさん輩出したいと思っています。

何をするかよりも、誰とどこまで目指すか！

共感レベルというのは、企業が掲げた理念やビジョンを、自分も一緒に果たしたいという思いを持っているかどうかです。

一緒に働くということは、ある目的地を目指して航行している同じ船に乗るということです。同じ方向を向いていない人を乗船させると、船の進行方向が定まらなかったり、推進速度が遅くなったりします。そのような人は他の船に乗ってもらうか、一人でボートを漕いだほうがいいわけです。

したがって、いい人材を採用するためには、まず船がどこに向かっているのかを明確にしなければなりません。就職先を探している人は、5年後、10年後の自分の姿を想像して入社します。そのために、5年後、10年後のビジョンを明確にしている企業でなければ選びようがありません。

逆に5年後、10年後のビジョンが明確になっていて、そのビジョンに共感している人材であれば、同じ目的地に向かっている船に乗ることが重要になりますので、帆を立てる役でもオールを漕ぐ役でも、あるいは食事を作る係でも、やりがいを持って参加してくれるはずです。

つまり、何をするか以上に、誰とどこを目指すのかということが重要になってくるのです。

たとえば、メジャーリーグに「楽しく野球ができたらいい」という程度の人を入れてしまうと、とんでもないことになります。草野球を楽しむ人と、メジャーリーグで活躍する選手とでは、練習量も桁違いですし、プレーする仲間の力量も桁違いです。そして対戦相手の力量も桁違いなのです。

ですから、その企業がどこを目指しているのか、このことを明確にすることが重要になってきます。

人事コンサルタントという志《し》事《ごと》

小学生に、「将来何になりたい?」と聞くと、歌手やタレント、スポーツ選手などが上位に上がってきます。これは、テレビでそれらの職業の人たちが活躍している姿を、毎日のように目にしているからにほかなりません。

しかし、私の職業である「人事コンサルタント」になりたいという夢を持っている子どもを見ることは、残念ながら今のところはありません。もしもテレビ番組の多くで、人事コンサルタントが活躍するドキュメンタリーやドラマが放映されたら、小学生がなりたい職業の上位に人事コンサルタントが入ってくるかもしれません。

つまり人は、見たり聞いたり触れたりしたものからしか夢を描けないのです。自分もこんな人になりたい、あんな仕事をしてみたいと思えるのは、必ずどこかでその人や仕事を見たり聞いたりしているからです。

このことから、職業や仕事の価値を伝えることの大切さが分かります。

医者という職業は、人の命を預かる責任重大な職業です。また、自分自身が病気になる危険もあります。それでも医者に憧れる若者がいるのは、その使命の大きさとやりがいを知ってしまったからです。だから難関に挑戦してでも医者を目指せるのです。

私は人事コンサルティングという職業に志を持っています。この仕事は、人や会社を変えるばかりでなく、社会をも変革できる仕事だと誇りを持っています。ですから、これからもこの仕事の素晴らしさを発信し続けますし、良い人材を採用し続けて、様々な企業の採用革命を起こしていきます。

夢を叶える「教育テーマパーク」構想

私たちの事業は現在、躍進期に入っています。取引先は増え続け、社員も増え続けています。また、新しい事業として、独自のコンサルティングノウハウをパッケージ化して、社会保険労務士やコンサルタントを志望している人向けに、人事コンサルタント養成講座を開講し、資格認定制度を実施する予定です。

さらに2020年からの転換期を目処に、様々な事業展開を予定しています。働く女性支援や子ども教育事業、健康促進事業、家庭環境改善事業など、世界の未来に貢献できる、私たちにしかできない価値を創造していきます。私たちがコンサルティングした組織は、業界にかかわらず活性化しているので、どのような事業を起こしても成功させる確信があります。

そして2025年以降には、ディズニーランドを超える教育のテーマパーク「レガパーク（LEGAPARK）」を創りたいと考えています。

ディズニーランドは「夢」の国ですが、レガパークは「夢を叶える」国です。小さい子どもから高齢者までが学びにいきたくてウズウズするような場所にしたいと考えています。

そこは、自分の夢を見出して叶えるためのスキルや知識を身につけることができ、人間性さえも成長させることができる空間です。

世界の知が集結するライブラリータワー、偉人の人生に触れることができる生き方博物館、有名講師や故人の立体ムービー・ラーニングドーム、ワークシミュレーションスペース、脳力&能力診断ドック、スキルアップトレーニング施設、オーディション&スカウトのマッチング広場、働く女性を支援する成長促進託児スペース、不登校や発達障害者の駆け込みスクール、体力や精神力を鍛える次世代ジムなど、具体的な構想が既に始まっています。

人は無限の可能性を秘めています。

自分でいつのまにかつくってしまった制限という枠を取り払い、諦めずに努力すればどんな夢も叶うはずです。そして誰もが、生きる意味を必ず見つけ出すことができます。そこに自分たちにしかできない価値を生み出すことも、次世代に継承することもできるのです。

「新卒採用の変革」は、次世代の若者を育て、日本企業を成長させ、大学教育の仕組みや構造をよりよく変えていきます。

本書をお読みになって共感してくださった方は、ぜひともレガシードを訪ねてきてください。そして私たちと共に、永続的に成長する会社を創りましょう。

また、現在の組織や会社を変革したいと思われた方も、ぜひお声がけください。

最後になりましたが、本書をつくるにあたって徳間書店の橋上様、天才工場の吉田様、今井様、小林様、地蔵様には多大なご協力をいただき感謝申し上げます。

また、レガシードで活躍してくれている社員のみなさんに、いつもありがとう。みんなはかけがいのない仲間です。

そして、日頃からレガシードの理念にご賛同いただいているクライアント企業の皆様には、厚くお礼申し上げます。

それから、いつも私の支えとなっている妻の美帆、家族にありがとう。

最後に、本書をお読みいただいた皆様に、感謝申し上げます。

本書が、多くの企業の人材採用の一助となり、企業が活性化することでこの国の人たちを豊かにし、やがては世界の人びとの豊かさに貢献できることを願ってやみません。

２０１８年６月

株式会社レガシード　代表取締役　近藤悦康

出版プロデュース　株式会社天才工場　吉田浩

近藤悦康（こんどう・よしやす）

人材採用・育成のコンサルティングや学生の就職支援活動を行う株式会社Legaseed（レガシード）代表取締役。

1979年、岡山県生まれ。アチーブメント株式会社に新卒第１号で入社し、10以上の新規事業を立ち上げる。学生が学生を評価する「まったく新しい人材採用の仕組み」を創りだし、同社を年間２万人以上が応募する人気企業へと飛躍させた。

2013年、株式会社Legaseedを設立。「はたらくを、しあわせに」を企業理念に、年間100社を超える企業のコンサルティングを行うほか、経営者、採用担当者、新卒学生など、延べ６万人を超える人たちに、セミナーやワークショップを実施。高い評価を得ている。同社自身も、創業５年目で社員20名のところに、毎年１万名を超える学生が応募する人気企業となっている。「Rakuten みん就」（みんなの就職活動日記）で学生が選ぶ「2019年卒　インターン人気企業ランキング」で全企業中32位（中小企業では断然１位）、「日経ビジネス」でも紹介された。
◎株式会社 Legaseed（レガシード）ホームページ
https://www.legaseed.co.jp/

社員20人なのに新卒採用に１万人が殺到
日本一学生が集まる中小企業の秘密

第１刷　2018年６月30日
第12刷　2025年１月10日

著　者　近藤悦康
発行者　小宮英行
発行所　株式会社徳間書店
〒141-8202　東京都品川区上大崎３-１-１
目黒セントラルスクエア
電　話　編集（03）5403-4344／販売（049）293-5521
振　替　00140-0-44392
本文印刷　株式会社広済堂ネクスト
カバー印刷　真生印刷株式会社
製本所　株式会社広済堂ネクスト

ISBN978-4-19-864636-3